MICHAEL BRECKWOLDT

Das
Monat-für-
Monat
Konzept

# Selbst versorger BALKON

blv

# Urban gardening

Wie lassen sich lange Transportwege von Lebensmitteln vermeiden? Und was kann man dafür tun, dass die Nahrung in verlässlicher guter Bio-Qualität zu einem kommt? Wer sich solche Fragen stellt, sollte damit beginnen, sein Gemüse vor Ort selbst anzubauen.

# Gemüse in der Stadt

Michelle Obama, die Frau des amerikanischen Präsidenten, erntet im Spätsommer 2016 im Küchengarten des Weißen Hauses mit Schülern das letzte Mal Gemüse. Dieses Projekt, das vor knapp acht Jahren ein weithin beachtetes Signal an die Menschen der USA sendete, sich stärker um gesunde Ernährung zu kümmern, wird mit der Wahl eines neuen Präsidenten wohl nun enden. Das kümmert die Schüler herzlich wenig. Mithilfe von Grabgabeln sind sie mit Feuereifer dabei, die Spätkartoffeln aus dem Boden der Beete zu buddeln. Wer so etwas schon einmal erlebt hat, kennt die Begeisterung, die sich mit jeder goldgelben Knolle einstellt, die aus der braunen Erde hervorleuchtet – eine Stimmung wie beim Ostereiersuchen. Breitbeinig und auf eine Grabgabel gestützt steht die First Lady auf dem Beet und leitet die Kinder an. Mit Jeanshose, Holzfällerhemd und khakigrüner Weste könnte sie ebenso gut Obergärtnerin eines der neuen Urbanen Gartenprojekte sein, die in den letzten Jahren in vielen US-amerikanischen Städten aus dem Boden geschossen sind.

## Urban Gardening

Urbane Gärten finden sich mittlerweile auch in jeder größeren deutschen Stadt. Menschen haben sich zusammengetan und bewirtschaften ein Stück Land, das in den meisten Fällen von der Stadt zur Verfügung gestellt wurde. So etwa in Berlin das Allmende Kontor auf dem Tempelhofer Feld, in Hamburg St. Pauli das Gartendeck

oder NeuLand in Köln-Bayenthal. Getrieben von unterschiedlicher Motivation verbindet alle die Lust daran, Gemüse, Obst und Kräuter selbst anzubauen. Der Gedanke der Selbstversorgung spielt sicher auch immer eine Rolle. Doch angesichts geringer Erfahrungen und in den meisten Fällen fehlender eigener Flächen, stehen die Glücksgefühle des gemeinsamen Gärtnerns, das Erleben der Natur und das Staunen über die Ernte im Vordergrund.

Generell leben wir in einer immer rasanteren und enger getakteten Welt. Wir glauben, wir wären gezwungen, damit Schritt zu halten. Doch ist das wirklich so? Können wir nicht ein Stück Autonomie zurückgewinnen? Uns aus dem reißenden Strom der Zeit herausheben? Die Suche nach Ruhe, sei es in Form abgeschiedener Orte oder eines Innehaltens, nimmt zu. Neu daran ist, dass man diese Suche nicht mehr als Flucht aus den Städten begreift, sondern als Beginn einer Veränderung sieht. »Was sollen Gemüsebeete neben dem Bürgersteig, was selbst gebaute Stadtmöbel (…) schon bedeuten. Das Leben, das man lange aus den Städten vertrieben wähnte, drängt mit Macht in sie zurück«, schreibt der auf Stadtentwicklung spezialisierte Autor und Journalist Hanno Rautenberg in seinem Buch »Wir sind die Stadt«. Zugleich liefert er Hinweise, was die Menschen bewegt, die dem Trend des urbanen Gärtnerns erliegen. Einerseits treibt sie »eine Sehnsucht nach krisenfestem Leben, eigenversorgt und eingebunden in den Rhythmus der Jahreszeiten«. Über diese materielle Ebene hinaus erlebt

● Gemüseanbau hoch auf den Dächern der Stadt – so sieht Selbstversorgung aus!

der moderne Stadtmensch eine Befriedigung darin, dass der Garten ein Ort ist, »der nach eigenen Regeln funktioniert – und nicht nach denen der unbedingten Effizienz und Rationalität«. Der Garten fungiert gleichsam als eine Art sichere Insel inmitten dieses reißenden Stroms, in dem wir uns zuweilen glauben. »Wer in der Erde wühlt, wer etwas anbaut, etwas kultiviert, der bemerkt rasch, dass sich nicht nur ein Stück Land, sondern auch ein Stück seiner selbst verändert.«

## Kommerzielle Initiativen

Inzwischen gewinnen diese Inseln innerhalb der Städte zusehends an Größe. Doch zu den Gemeinschaftsgärten des Urban Gardening

kommen zunehmend kommerziell betriebene Unternehmen des Urban Farming. Mitten in New York werden so mittlerweile hunderte Hektar städtischen Raums bewirtschaftet. Eines der ersten Projekte war die Brooklyn Grange Rooftop Farm, die dort auf einem Lagerhausdach vor der Skyline Manhattans eine Fläche von 6000 Quadratmetern in Kultur genommen hat. Die 34-jährige Chefin saß zuvor in einem verglasten Eckbüro der Metropole als Assistentin eines weltweit agierenden Gastronomen. Sie und ihr Mitgründer, ein ehemaliger Unternehmensberater, starteten die erste Rooftop-Farm 2009 infolge der Finanzkrise. Die Erzeugnisse, die von 13 Festangestellten, alles jungen Leuten, angebaut werden, landen auf den Tischen von Restaurants, in den Läden der Nachbar-

✽ Auf Balkon und Terrasse lassen sich fast alle Gemüse selbst anbauen.

schaft und auf Märkten. Ähnliche Vermarktungsstrategien verfolgt auch die New Yorker River Park Farm, die ihr Gemüse in über 7000 Kunststoffkisten direkt am East River kultiviert und ein eigenes Restaurant betreibt. Gotham Greens', ebenfalls ein New Yorker Unternehmen, baut auf die Flachdächer von Industriegebäuden professionelle Gewächshäuser und lässt dort heute auf inzwischen 170 Hektar Fläche vor allem diverse Salate, sogenannte Microgreens und Tomaten in Bioqualität produzieren, die unter anderem über eigene innerstädtische Läden verkauft werden.

Etwas Ähnliches plant der Hamburger Unternehmer Mark Korzilius, einst Mitbegründer der Restaurantkette Vapiano. Einige Millionen Euro wird er in die Salatzucht seiner neuen Firma »Farmers Cut« stecken, die auf 1300 Quadratmetern in der Nähe des Hamburger Hauptbahnhofes entstehen soll. Im Mai 2017 sollen die ersten Baby-Leaf-Salate geerntet werden. Jährlich ist die Anzucht von über einer Million Portionen Salat geplant. Die Ware soll über den Großhandel ausgewählten Köchen und gleichzeitig über den direkten Verkauf privaten Kunden zugänglich gemacht werden. »100 Gramm frisch geernteter Salat sollen etwa 2,50 Euro kosten«, schreibt das Hamburger Abendblatt vom 27. August 2016.

Wenn Sie dieses Buch schon aufmerksam durchgeblättert haben, ist Ihnen sicherlich klargeworden, wie einfach es ist, Microgreens und Baby-Leaf-Salate auf dem eigenen Balkon heranzuziehen. Denn diese englischen Begriffe bedeuten nichts anderes als das Ernten relativ junger Blätter von Schnittsalaten und anderem Blattgemüse. Zugleich haben Sie gerade eine Vorstellung davon bekommen, wie viel Geld Sie durch Selbstversorgung sparen können. Das soll nicht das Anliegen der Unternehmer schmälern, die sich Gedanken darüber machen, wie die Menschen zukünftig in den Genuss von knackig frischem und gesundem Gemüse gelangen können. »Kommt die Ware bei uns in den Supermarkt, hat sie kaum noch Vitamine«, wird Unternehmer Korzilius im Artikel des Hamburger Abendblattes zitiert.

Doch Sie können ebenso gut für sich selbst sorgen. Und Sie erleben dann, völlig gratis, eine ungeteilte Glückseligkeit und ein Stück selten gewordene Autonomie – denn beides geht mit dem Anbau von eigenem Grünzeugs einher.

❁ Gärtnern verbindet!

# Los geht's –
# die Basics

Es ist gar nicht so schwer. Mit den richtigen Töpfen, passender Erde und einem Gespür für die Bedürfnisse der Pflanzen entwickelt man sich im Handumdrehen zum Selbstversorger-Gärtner – und bald wird man den Stolz beim Ernten eigenen Gemüses erleben können.

# Der richtige Standort

Das Wachstum der Pflanzen hängt von den Faktoren Licht, Wasser, Nährstoffe und Temperatur ab. Einige dieser Faktoren können Sie als Gärtner leicht beeinflussen. Mithilfe der Düngung regulieren Sie die Nährstoffversorgung und mit der Gießkanne den Wasserbedarf der Pflanzen. Andere Faktoren gibt der Standort vor und Sie sollten die Pflanzen dann nach den Gegebenheiten des Standorts aussuchen.

Machen Sie sich deshalb zunächst klar, wie viel Licht auf ihren Balkon trifft. Das hängt vor allem von der Himmelsrichtung ab, also ob der Balkon nach Osten, Westen, Süden oder Norden zeigt. Dann spielt das Stockwerk eine Rolle, in dem Sie wohnen und die Einflüsse, die aus dem Umfeld einwirken, etwa die Höhe der Nachbargebäude und große ausladende Bäume in der Nähe. Viel Schatten ist ungünstig für den Anbau von Kräutern und Gemüse.

## Hauptsache Sonne

Optimal wären täglich mindestens fünf Stunden Sonne. Meist können das schon Ost- und Westlagen bieten. Die besonders sonnenhungrigen mediterranen Kräuter wie Rosmarin, Salbei und Thymian haben gerne noch mehr Licht. Ebenso brauchen Tomaten, Paprika und Zucchini viel Sonne und Wärme um auszureifen und um ein gutes Aroma zu entwickeln. Andere Arten, insbesondere das Blattgemüse, kommen auch mit etwas weniger Licht zurecht. Wenig vorteilhaft sind daher Nordlagen und Wohnungen bzw. Balkone, die im Schatten hoher Gebäude und

Bäume liegen. Dann ist eine Selbstversorgung nur eingeschränkt möglich. Je nach Tiefe des Schattens gedeihen dort nur wenige Kräuter- und Gemüsearten (s. Tabelle S. 16), oder es lässt sich einfach nur ein grünes Reich mit speziellen Schattenpflanzen, z. B. Farnen und Funkien, schaffen.

Jeder Standort hat jedoch seine Eigenarten. Daher gilt im Zweifelsfall das Motto »Probieren geht über Studieren«. Versuchen Sie Ihr Glück und pflanzen Sie Dinge an, die Sie ganz besonders mögen. Dann werden sie erleben, wie gut sich die Gewächse entwickeln und sammeln so eigene Erfahrungen. Bedenken Sie, dass die Lichtverhältnisse hinter dem Geländer häufig schlechter sind als davor. Auch Schatten ist nicht gleich Schatten. Die UV-Strahlung, die von einem wolkenlosen Himmel ohne direkte Sonneneinstrahlung ausgeht, wirkt sich noch erstaunlich gut auf das Pflanzenwachstum aus. Eine Nordlage und ein entfernt stehendes schattenspendendes Gebäude sind also weniger nachteilig als der Schatten eines überstehendes Daches oder einer Baumkrone, die den Himmel verdecken. Daher heißt die Devise: Ausprobieren und schauen, was funktioniert.

Sind die Pflanzen also den Licht- und Luftverhältnisse des Balkons entsprechend optimal platziert, ist es nun Sache des Gärtners, die Wachstumsbedingungen weiter zu verbessern. Das heißt also die Bedürfnisse der Pflanzen nach Wasser, Dünger und etwas Zuwendung zu erfüllen.

● Schnittsalate gedeihen auch im Halbschatten gut. Durch die Stufen bekommen alle Töpfe genug Licht.

## Tomaten mögen keine Nässe

Ein Dachüberstand auf einem Südbalkon ist dagegen für Tomaten- und Paprikapflanzen optimal, die nach Wärme gieren, jedoch nicht dem Regen ausgesetzt sein sollten. Sie haben kein Problem mit großer Hitze, ebenso wenig wie mediterrane Pflanzen. Für viele andere Gewächse bedeutet Hitze jedoch Stress, zumal wenn sich diese staut. Die Folge könnte der Befall mit Krankheiten wie Mehltau und mit Schädlingen wie Spinnmilben sein. Ein frischer Luftzug ist hin und wieder unerlässlich. Das Anbringen einer Balkonbrüstung sollte daher mit Bedacht vorgenommen werden. Vermeiden Sie luftundurchlässige Materialien – es sei denn, es handelt sich um eine zugige Ecke. Dann kommt der Windschutz auch empfindlichen Gemüsearten zugute. Kohlgewächsen hingegen kann der Wind wenig anhaben. Wie jedes Stück Natur so hat auch jeder Balkon sein spezielles Mikroklima. Dieses sollten Sie kennen und die Pflanzen dementsprechend aufstellen.

## Etageren

Etageren dienen häufig dazu, den vorhandenen Platz noch besser auszunutzen. Sie werden an die Wand gerückt und die Pflanzen darauf in unterschiedlichen Ebenen angeordnet. Eine Höhenstaffelung findet auch am Balkongeländer statt. Pflanzen, die oben stehen, erhalten in der Regel mehr Licht und weniger Feuchtigkeit. Sie trocknen dort schneller aus, weil sie den Luftströmen stärker ausgesetzt sind. Extrem sind die Bedingungen beim Vertikalen Gärtnern, wo Pflanztaschen an die Wand gehängt werden.

Diese sind zusätzlich der Wärme ausgesetzt, die von den aufgeheizten Wänden ausgeht – und diese strahlen bis in die Abendstunden hinein. Solche Extrembedingungen vertragen mediterrane Kräuter am besten. Sie sind daher die ideale Besetzung für Pflanztaschen – was nicht heißt, dass nicht auch diese trockenheitstoleranten Gewächse für regelmäßige Wassergaben dankbar sind. Will man zudem kontinuierlich von ihnen ernten, brauchen sie auch hin und wieder frische Nährstoffe.

## Auf einen Blick

### Grünkost für den Halbschatten

Die folgenden Kräuter und Gemüse gedeihen auch im Halbschatten, solange sie mindestens fünf bis sechs Stunden volle Sonne bekommen.

**Kräuter**
- Zitronenmelisse
- Petersilie
- Minzen (Limonenminze 'Hillaty's Sweet Lemon', Hemingway-Minze 'Nemorosa')
- Kerbel
- Koriander
- Kresse
- Borretsch
- Liebstöckel
- Garten-Sauerampfer
- Knoblauchsrauke
- Süßdolde

**Gemüse**
- Salat-Rauke
- Wilde Rauke (Rucola)
- Guter Heinrich
- Mangold

- Spinat
- Mairübchen
- Stielmus
- Kohlrabi
- Endivien-Salat
- Pflück- und Schnittsalat
- Rettich
- Radieschen
- Erbsen
- Speise-Chrysantheme
- Winterkresse bzw. Barbarakraut

**Obst**

- Wald-Erdbeeren
- Rhabarber
- Heidelbeeren
- Preiselbeeren
- Rote und Weiße Johannisbeeren
- Schwarze Johannisbeeren
- Jostabeeren
- Stachelbeeren
- Brombeeren
- Himbeeren

● Erdsäcke in eine Kiste legen, aufschneiden, Jungpflanzen einsetzen– fertig ist das Mini-Salatbeet.

# Gut getopft – die richtigen Gefäße

Die Projekte des Urban Gardening haben eine Vielfalt an Möglichkeiten offenbart, wie sich Pflanzen in der Stadt anbauen lassen – Möglichkeiten, die bislang unvorstellbar waren, solange der Stadtgärtner den Balkonkasten für das Nonplusultra eines Pflanzgefäßes hielt. Inzwischen ist jedoch alles brauchbar, sofern es nur mit Erde zu befüllen, wasserbeständig und frei von giftigen Ausdünstungen ist: von der Konservenbüchse über den TetraPak bis hin zur Gemüsekiste und alten Badewanne. Je mehr diese Behälter den Charakter eines Beetes besitzen, den Pflanzen also möglichst viel Raum zum Wachsen bieten, desto besser. Daher setzt man in vielen urbanen Gärten inzwischen auf das Prinzip Hochbeet, eine Variante, die zugleich den geschlossenen Stoffkreislauf ermöglicht. Diese Beete werden zum Ende des Gartenjahres mit abgestorbenen Pflanzenresten, Zweigen und Laub bestückt, die im Folgejahr allmählich zu Komposterde werden. Die Zersetzung des Materials im Inneren des Hochbeets setzt Nährstoffe frei, die dem Gemüse zugutekommen, das an dessen Oberfläche wächst. Einfach zu handhaben sind Erdsäcke, die man in eine Kiste legt. Der Handel bietet diese mit passendem Substrat an. Die Säcke werden aufgeschnitten und dann bepflanzt.

❋ In mit Kunststoff ausgelegten Weidenboxen gedeihen Kräuter, Erdbeeren und Salate

❋ Pflanzsäcke gibt es in vielen Farben und Formen – diese sind tief genug für knackige Möhren.

## Töpfe und Kästen

Den meisten Balkongärtnern fehlt jedoch der Platz für ein richtiges Hochbeet. Auch besteht dort meist kein Bedarf an der Produktion größerer Mengen von Kompost, die mit der Zeit unweigerlich anfallen. Daher begnügt man sich mit anderen Gefäßen. Diese werden mit Blumenerde befüllt und können dann ebenfalls wie ein Beet bewirtschaftet werden. Im Folgenden werden diverse Behälter und Systeme vorgestellt, mit denen der Raum des eigenen Balkons optimal ausgenutzt werden kann.

- **Runde Töpfe** aus Ton oder Kunststoff können einzelne Pflanzen aufzunehmen, z. B. Kräuter wie Rosmarin und Salbei oder Beerenobststräucher und diese optimal in Szene setzen. Große Töpfe mit einem Durchmesser von mindestens 30 Zentimetern können auch zu Minibeeten werden.
- **Eckige Behälter** lassen sich so platzieren, dass im Gegensatz zu den runden kaum Zwischenräume entstehen. Zudem eignen sie sich gut für das Aussäen in Reihen. Es gibt sie aus verschiedenen Materialien, in unterschiedlichen Ausführungen und Größen.
- **Balkonkästen** ermöglichen die Kultur von Pflanzen am Balkongitter und das in angenehmer Arbeitshöhe. Die üblichen Kästchen sind nur 15 Zentimeter hoch und tief und bestehen aus Kunststoff. Diese Kästen können sich im Sommer bis zu 40 °C und mehr aufheizen, was zu Wurzelschäden führt. Kästen aus Holz und Eternit werden nicht so heiß. Man bekommt diese auch in größeren Abmessungen – die Pflanzen sind für mehr Wurzelraum dankbar und das Bewässern macht dann ebenfalls weniger Arbeit.

- **Kisten**, egal, ob sie aus Holz oder Kunststoff bestehen, lassen sich leicht zu kleinen Beeten umfunktionieren. Die Innenfläche kann mit Vlies ausgeschlagen werden, sodass keine Erde mehr herausrieselt, überschüssiges Wasser jedoch sehr wohl noch austreten kann. Holzkisten innen zusätzlich mit Folie auskleiden, dann halten sie länger. Die in Berlin entstandene Initiative »Prinzessinnengärten« funktionierte Bäckerkisten zu einem Baukastensystem für Beete um. Sie sind frei von Weichmachern, lebensmittelecht und luftig gebaut, sodass ein Austausch zwischen zwei aufeinanderstehenden Kisten möglich ist. So lassen sich Kistenstapel zu Hochbeeten auftürmen. Seitliche Einlagen aus Pappe verhindern, dass die Erde herausrieselt.

❋ Runde Töpfe aus Ton oder Kunststoff sollten einen Durchmesser von mindestens 30 cm haben.

- **Weidenboxen** mit Innentaschen. Diese Mini-beete wurden speziell zum Gemüse- und Kräuteranbau auf kleinem Raum entwickelt. Man bekommt sie mit einem Fassungsver-mögen von einem Liter bis zu 140 Litern. Die Boxen bestehen aus einem geflochtenen Weidenrahmen, den eine Innentasche aus-kleidet. Diese ist zweigeteilt und wird aus wetterbeständigem Polypropylen-Gewebe gefertigt. Der Rahmen sorgt für eine gefällige Optik im Stil eines ländlichen Beetes. Die gro-ße Weidenbox finden Sie auch als eines der verwendeten Gefäße in den Anbauplänen.
- **Beet- oder Pflanz-Taschen** gibt es in ver-schiedenen Formen und Ausführungen. Meist bestehen sie aus Polyethylen, wie die Gemü-se-Pflanztaschen aus den Anbauplänen. Wer-den Sie nicht mehr gebraucht, faltet man sie einfach zusammen. Griffe erleichtern das Umstellen der Taschen auf dem Balkon.
- **Bacsac Pflanztaschen** wurden vom französi-schem Designer Godefroy de Virieu zusam-men mit zwei Landschaftsgärtnern entwickelt, um Beete im städtischen Umfeld, etwa auf Dächern und Balkonen, anlegen zu können. Die hochwertigen Behälter bestehen aus speziell verstärkten, leichten Geotextilien. Man bekommt sie bis in Größen von mehr als 500 Litern.
- **Säcke** sind teilweise den Beet-Taschen ähn-lich. Teils besitzen sie ebenfalls Schlaufen zum Anfassen. Viele sind jedoch höher ge-schnitten, sodass sie sich zum Beispiel gut für die Kultur von Kartoffeln eignen. Die eng-lische Firma Haxnicks bietet spezielle Modelle an. Sie haben ein Fassungsvermögen von 40 Litern, bestehen aus farbigem Polyethylen, sind am Boden mit Löchern versehen und für

drei bis fünf Pflanzkartoffeln vorgesehen. Alternativ kann man auch ausgediente Reis-säcke verwenden. Aus dem Obstbau kom-men weiche, runde Behälter in unterschied-lichen Größen, die aus einem neuartigen Material gefertigt werden. Anders als in Töp-fen wachsen die Wurzeln dort nicht an der Innenwand entlang und verfilzen schließlich. Vielmehr bilden sich ständig neue Wurzeln, was vitale, ertragreiche Pflanzen fördert. Das Material heißt »Vigoroot«. Diese Gefäße eig-nen sich ebenfalls bestens zum Anbau von Kräutern und Gemüse.

- **Maurertröge** werden in runder und eckiger Form angeboten. Vor dem Befüllen mit Erde müssen in den Boden große Löcher gebohrt werden, damit überschüssiges Wasser abflie-ßen kann. Das gilt im Übrigen für alle Gefäße, die zweckentfremdet werden: Sind keine Abflusslöcher vorhanden, müssen diese nachträglich geschaffen werden. Die schwar-zen Behälter können weiß gekalkt oder ange-strichen werden. Dann erhitzen sie sich nicht so stark und sehen etwas netter aus.
- **Wannen und Waschzuber** verzinkt oder emailliert sind originelle Gefäße, die sich gut mit Erde füllen und dann bepflanzen lassen, sofern Abflusslöcher vorhanden sind. Meist findet man diese ehemaligen Haushalts-objekte auf Flohmärkten. Verzinkte Gefäße sollten allerdings vor dem Gebrauch innen mit Folie o. Ä. ausgekleidet werden, da Zink Schäden an Pflanzen verursachen kann.
- **Tisch-Beete** werden im Handel angeboten, können jedoch ebenso gut nach eigenen Vorgaben von einem Tischler gezimmert wer-den. Es handelt sich dabei um mindestens 20 Zentimeter tiefe Kästen, die auf Beinen

stehen, sodass man im Stehen Gärtnern kann. Sind die Tisch-Beete leicht geneigt, wird die Sonneneinstrahlung noch besser ausgenutzt.

- **Hochbeete** nehmen organische Abfälle wie Holzschnitt, Laub, Gras und Grünabfälle auf und verwandeln diese allmählich zu Kompost. Bei diesen Umsetzungsprozessen werden wertvolle Nährstoffe freigesetzt, der Boden erwärmt sich und so entstehen optimale Wachstumsbedingungen. Davon profitieren die Pflanzen, die in der obersten Erdschicht auf den Hochbeeten wachsen. Sie gedeihen schneller, als auf herkömmlichen Beeten, denn die Bodentemperatur kann auf dem Hochbeet bis zu 8 °C wärmer sein. Das zahlt sich vor allem im Frühjahr aus.
  In der Regel sind Hochbeete knapp tischhoch, sodass man sich auch hier bei der Arbeit nicht bücken muss. Sie bleiben von Schnecken und vielen anderen Schädlingen weitestgehend verschont. Der Handel bietet eine Reihe unterschiedlicher Modelle an. Die meisten bestehen aus Holz. Sie werden in der Regel als Bausatz geliefert. Darüber hinaus lassen sich Hochbeete auch aus Brettern und Euro-Paletten etc. errichten sowie aus Ziegelsteinen mauern.
- **Vertikales Gärtnern** bzw. Vertical Gardening. Hier geht es darum, auch die Wände als Pflanzfläche einzubeziehen. Bislang war das den Kletterpflanzen vorbehalten, unter denen sich auch Gemüsearten befinden. So können kletternde Zucchini, Gurken, Kapuzinerkresse und Bohnen Wandgerüste erklimmen. Mittlerweile sind spezielle Module und Pflanztaschen auf dem Markt, die fast die gesamte Wandfläche zu einem senkrechten Beet

machen können. Eine integrierte Bewässerung kann für eine optimale Feuchtigkeit in den relativ kleinen Behältern sorgen. Das ist hilfreich, da das Gießen aufwendig ist. In England heißen diese grünen Wände schon »vertikaler Kleingarten«. In ihnen werden nicht nur Kräuter, sondern jegliche Art von Gemüse und sogar Möhren angebaut. Müssen die Pflanztaschen an der Wand von Hand bewässert werden, sind sie nur für Pflanzen geeignet, die gut mit Trockenheit zurechtkommen.
- **Etagere.** Auf diesen Pflanzenregalen stehen die Gefäße treppenförmig übereinander. Diese Anordnung sorgt für eine bessere Flächenausnutzung. Außerdem bekommen die Pflanzen so mehr Licht, und man erreicht sie leichter, wenn sie auf dem Boden stehen.

✳ Vertical Gardening – in Paletten wachsen Salate, Kohlrabi und Bohnen.

# Blumenerde und Co. – das richtige Substrat

Eines muss vorweg klar sein: Eine gute Gartenerde ist nicht für die Kultur von Pflanzen in Gefäßen geeignet. Kommen Sie also nicht auf die Idee, Mutterboden in Blumentöpfe zu füllen, um darin Gemüse und Kräuter anzubauen. Im Garten bietet er den Pflanzen einen optimalen Untergrund. In den beengten Verhältnissen eines Topfes jedoch verdichtet eine Gartenerde zu sehr. Dann fehlen die groben Poren, in denen der für Pflanzenwurzeln überlebenswichtige Sauerstoff transportiert wird. Das haben Gärtner schon früh erkannt und ihre Topferden

stets nach speziellen Rezepturen aus Laub, Sand und Kompost gemischt. Doch diese Zeiten sind vorbei, seit Torf als Ausgangsstoff für gute Topferden entdeckt wurde und sich die Industrie dieser Fragen angenommen hat. Daher bietet der Handel seit Jahrzehnten eine große Auswahl guter Pflanzsubstrate oder »Blumenerden« an. Wollen Sie wissen, was in den Säcken jeweils drin ist, schauen Sie am besten auf die Rückseite. Dort sollte die genaue Zusammensetzung der einzelnen Substratbestandteile aufgelistet sein.

● Hochwertige, torffreie Substrate für Hochbeete sind perfekt für die Kultur von Gemüse in der Weidenbox.

## Torf oder torffrei?

Blumenerden mit hohem Torfgehalt schaffen durch die physikalischen und chemischen Eigenschaften des Torfs beste Voraussetzungen für das Pflanzenwachstum. Vorausgesetzt, es handelt sich um einen Torf mit groben Fasern, einen sogenannten Weißtorf, der aus den oberen Schichten eines Hochmoores stammt. Da die Torfreserven geringer werden, sind die Qualitäten mittlerweile sehr unterschiedlich. In Billigerden kommt meist der Bodensatz aus dem Torfabbau: stark zersetzter Schwarztorf, der nicht selten mit Holzstücken vermengt ist. Topferden auf Torfbasis dürfen nicht mit reinem Torf verwechselt werden. Dieser wird meist in Ballen angeboten und ist extrem sauer. Er wird nur für Pflanzen verwendet, die ein saures Milieu lieben, also für Rhododendren, Heide und Heidelbeeren. Für den Anbau von Gemüse, Kräutern und Blumen ist er völlig ungeeignet. Daher werden Blumenerden so mit Kalk und Nährstoffen versetzt, dass die Pflanzen darin gut gedeihen.

Da man nicht sieht, was in den Tüten steckt, sollte man sich an Markenprodukten orientieren. Mittlerweile erfüllen auch Erden die hohen Standards, in denen Torf durch Rindenhumus, Kokosfasern und andere Zuschlagsstoffe ersetzt werden. Häufig sind es spezielle Mischungen, die die guten Eigenschaften verschiedener Stoffe kombinieren. Gleichzeitig minimiert man damit den Torfabbau und setzt auf Nachhaltigkeit. In dem Zusammenhang ist auch die Verwendung von Kompost zu sehen. Vor rund hundert Jahren spielte Kompost als Topferde noch eine große Rolle. Heute ist man skeptischer, weil sich die Nährstoffgehalte im Kom-

### TIPP

Wird die Erde in die Gefäße gefüllt, muss sie verdichtet werden. Dazu staucht man sie mit den Händen oder Fäusten zusammen und presst sie fest in die Ecken. Anderenfalls sackt die Füllung beim Gießen und im Laufe der nächsten Wochen stark zusammen. Das bekäme den jungen Pflanzen nicht gut. Zum einen brauchen die Wurzeln einen festen Halt und den finden sie nur, wenn die Erde kompakt ist. Zum anderen bekommen sie weniger Licht, wenn sie mitsamt der Erde nach unten sacken.

● Salat kann direkt ins Substrat gesät werden.

post nur schwer kalkulieren lassen. Daher betrachtet man Kompost vor allem als Dünger. In geringen Mengen dient er den Pflanzen als Grundversorgung mit den wichtigsten Nährstoffen (s. Kap. »Richtig Düngen«). Möchte man ihn in Gefäßen verwenden, sollte man auf Grünkompost (bestehend aus Gartenabfällen, Gehölz- und Rasenschnitt) zurückgreifen, der von vielen Recyclinghöfen angeboten wird. Pflanzen, die in vollkommen torffreien Substraten herangezogen werden, müssen allerdings in der Regel häufiger gegossen werden.

Viele Blumenerden, vor allem wenn sie Blühpflanzen- oder Geranienerde heißen, sind stark aufgedüngt und teils mit sogenannten Langzeitdüngern versehen, die den ganzen Sommer

über wirken. Davon profitieren Sommerblumen, die ohnehin monatelang davon zehren müssen. Unter den Gemüsearten brauchen die Starkzehrer wie Kartoffeln, schon gut entwickelte Tomaten-, Zucchini-, Gurken- und Kürbispflanzen sowie einige Kohlarten(z. B. Chinakohl, Blumenkohl, Brokkoli oder Wirsing) hohe Nährstoffmengen. Kräuter, Gemüsejungpflanzen und frisch ausgesäte Gemüse kommen damit nicht zurecht. Für sie benutzt man daher spezielle Aussaat- oder Kräutererden. Diese enthalten nur wenige Nährstoffe. Wachsen die Jungpflanzen allmählich heran, müssen die Erden der Kultur entsprechend nachgedüngt werden. Möglich ist auch folgende Vorgehensweise, wenn Sie in Ihre Gefäße direkt aussäen wollen: Füllen Sie zuerst eine normale Blumenerde ein

❋ Gießkanne, Handschaufel und -harke, eine Blumengabel und eine kleine Schere: Das ist die Grundausstattung für Selbsversorger-Balkon- und Terrassengärtner.

und verdichten sie diese. Abschließend kommt auf die oberen zehn Zentimeter eine Aussaaterde. So kann das Gemüsesaatgut im nährstoffarmen Milieu der Aussaaterde keimen. Später, wenn die Pflanzen herangewachsen sind, erhalten sie aus den tieferen Schichten mehr Nährstoffe.

Auch Kübelpflanzen- und Grünpflanzenerden eignen sich als Basis für den Gemüseanbau. Sie sind in der Regel nur mäßig mit Düngern versetzt, was empfindlichen Gemüsearten und Kräutern entgegenkommt. Zudem schaffen sie eine gute Bodenstruktur. Denn sie sind so konzipiert, dass sie den Pflanzen über einen langen Zeitraum gute Wachstumsbedingungen bieten. Das kommt einer dauerhaften Nutzung der Erde zugute. Wie im Garten, wo jedes Jahr im gleichen Boden geackert wird, können auch Topferden über Jahre genutzt werden, sofern sie nicht stark durchwurzelt sind. Der Grad der Durchwurzelung hängt von der Pflanzenart und der Topfgröße ab. Die Bepflanzung eines Balkonkastens insbesondere mit Blumen hat diesen meist zum Ende des Sommers mit einem dichten Wurzelfilz durchsetzt. Viele Gemüsekulturen, die nach wenigen Wochen schon geerntet werden, bilden hingegen keine großen Wurzelballen. In großen Behältern verteilen sich die Wurzeln zudem besser, sodass die Erde locker bleibt, also nicht verfilzt und daher kein Grund besteht, diese im folgenden Jahr auszutauschen. Vielmehr braucht die Topferde, wie der Gartenboden auch, jährlich frische Nährstoffe. Man muss sie zu Beginn der Saison also düngen (s. Kap. »Richtig Düngen«). Zudem sollte man sie mit den Händen oder einem kleinen Gartengerät wie dem Hand-Kultivator auf-

lockern. Bei dieser Gelegenheit lässt sich der Dünger untermischen. Gegebenenfalls wird frische Blumenerde aufgefüllt. Alternativ können Sie auch Kompost verwenden, der zugleich ein breites Arsenal an Nährstoffen liefert. Ist die Erde nach einigen Jahren in sich zusammengesackt und verdichtet, lässt sich die Bodenstruktur mit Zuschlagstoff wie zum Beispiel Kokoserde oder Rindenhumus wieder verbessern. Ein kompletter Bodenaustausch ist nur dann nötig, wenn Sie den Eindruck haben, die Pflanzen wachsen nicht mehr ordentlich, obwohl Sie für ausreichend viele Nährstoffe durch regelmäßiges Düngen und eine gute Bodenstruktur gesorgt haben. Manchmal können Wurzelausscheidungen früherer Kulturen und Krankheitserreger im Boden dafür verantwortlich sein.

● Kartoffeln lassen sich gut in großen Kübeln oder Pflanzsäcken ziehen.

# Aussaat oder Jungpflanzen?

Plant der Profi-Gärtner die Aussaat und Pflanzung seiner Kulturen, dann hat er eine große Fläche vor Augen, die innerhalb des Frühjahrs bestellt werden muss. Er stellt dann einen detaillierten Zeitplan auf, wann er welche Kultur in die Erde bringt, beginnend mit denen, die schon bei geringen Temperaturen keimen. Spinat zum Beispiel keimt schon bei 5 °C, braucht dann allerdings rund drei Wochen bis sich das erste Grün über dem Boden zeigt. Hat Spinat dagegen eine Keimtemperatur von 12 °C, entwickeln sich die Keimlinge schon innerhalb von neun Tagen, also sehr viel schneller (siehe dazu auch die Tabelle auf der nächsten Doppelseite).

Dem Profi-Gärtner ist dies mehr oder weniger egal. Hat er die Spinatsaat erst einmal im Boden, kann er sich um die nächsten Beete kümmern. Es hängt dann vom Wetter ab, wie schnell die Saat keimt. Nun muss er nur noch ein Auge auf die Kulturen haben, beizeiten das Unkraut beseitigen und wenn sich etwa der Spinat gut entwickelt hat, kann er ihn schließlich ernten.

Der Balkon-Gärtner kann ganz anders an diese Arbeiten herangehen. Er hat nur eine überschaubare Fläche, um die er sich kümmern muss. Daher sollte er sich viel mehr an den optimalen Aussaatterminen orientieren, damit

⬤ Wenn Sie Ihr Gemüse und die Kräuter selbst aussäen, können Sie auf eine viel größere Sortenauswahl zurückgreifen als bei gekauften vorgezogenen Jungpflanzen.

sich die einzelnen Kulturen möglichst schnell entwickeln. So kann er frühzeitig davon ernten und hat eine lange Nutzungsdauer.

Auf den Balkonbeeten wachsen im März möglicherweise noch Feldsalat und Winterpostelein. Nehmen Temperatur und Lichtintensität im Frühjahr wieder zu, machen diese Wintersalate nochmals einen Wachstumsschub. Diesen sollte man abwarten, um dann ein letztes Mal davon ernten zu können. Erst danach rodet man die Pflanzen und bereitet das Beet für die nächste Kultur vor. Möglicherweise kommen Spinat, Salat und Radieschen erst Anfang April in die Erde. Erfahrungsgemäß sind dann die Temperaturen schon höher, sodass sich die Kulturen deutlich schneller entwickeln als dies im März der Fall sein würde.

Bei einer Temperatur von 5 °C brauchen Radieschen bis zum Aufgang der Saat rund vier Wochen, bei 12 °C jedoch nur noch zehn Tage. Bei Salat sind die Unterschiede noch größer. Bei 5 °C braucht er rund sechs Wochen bis sich das erste Grün zeigt, bei 12 °C dauert es dagegen nur noch rund eine Woche. Der Balkon-Gärtner gewinnt also Zeit, wenn er im Frühjahr nicht den frühesten Aussaat-Termin nutzt und sich dafür lieber um die Kulturen kümmert, die noch auf den Beeten stehen.

Haben Sie die Möglichkeit und den Platz, sollten Sie Pflanzen im Haus auf der Fensterbank vorziehen. Dort sind die Keimbedingungen im zeitigen Frühjahr besser als im Freien. Die jungen Pflanzen können dann nach draußen gepflanzt werden, sobald die Beete frei sind.

● Vorgezogene Jungpflanzen wachsen schnell an und Sie können einige Wochen früher ernten als bei direkt gesätem Gemüse. Salat wird so gepflanzt, dass das »Herz« der Pflanze über der Substratoberfläche liegt.

## Kleiner Saatgut-Check

Jede Pflanzenart hat eigene Ansprüche, was die optimale Keimtemperatur und Keimdauer betrifft. Auf dieser Seite sind alle wichtigen Daten zusammengestellt. Außerdem können Sie sehen, wie lange Gemüse-, Kräuter- und Blumensamen keimfähig bleiben.

### So lange brauchen Gemüsearten zum Keimen

| Pflanzenart | Keimdauer bei 5 °C | bei 12 °C | bei 20 °C |
|---|---|---|---|
| Feldsalat | 20 Tage | 14 Tage | 8 Tage |
| Dill | – | 14 Tage | 8 Tage |
| Möhre und Pastinake | 45 Tage | 14 Tage | 8 Tage |
| Petersilie | 45 Tage | 25 Tage | 12 Tage |
| Rote Bete | 41 Tage | 12 Tage | 7 Tage |
| Spinat | 23 Tage | 9 Tage | 6 Tage |
| Bohnen | – | 30 Tage | 11 Tage |
| Erbsen | 28 Tage | 9 Tage | 5 Tage |
| Chicoree | 28 Tage | 9 Tage | 5 Tage |
| Endivie | 33 Tage | 9 Tage | 5 Tage |
| Kopf- und Schnittsalat | 47 Tage | 8 Tage | 4 Tage |
| Kohlrabi | 30 Tage | 10 Tage | 6 Tage |
| Radieschen | 28 Tage | 10 Tage | 6 Tage |
| Rettich | 32 Tage | 12 Tage | 8 Tage |
| Gurken und Melonen | – | – | 14 Tage |
| Zucchini | – | – | 10 Tage |
| Porree | 67 Tage | 22 Tage | 12 Tage |
| Schnittlauch | 60 Tage | 25 Tage | 12 Tage |
| Zwiebeln | 61 Tage | 21 Tage | 12 Tage |
| Auberginen | 30 Tage | 21 Tage | 6 Tage |
| Paprika | – | – | 10 Tage |
| Tomaten | – | 27 Tage | 8 Tage |
| Winterpostelein | 45 Tage | 25 Tage | 14 Tage |
| Zuckermais | – | 21 Tage | 14 Tage |

(nach Schlaghecken 2003/2004)

## So lange bleibt Saatgut etwa keimfähig

### Gemüse

| | |
|---|---|
| Die meisten Kohlarten | ca. 6 Jahre |
| Radieschen und Rettiche | ca. 6 Jahre |
| Mairübchen, Speiserübe | ca. 6 Jahre |
| Rauke, Asia-Salate | ca. 6 Jahre |
| Mangold | ca. 6 Jahre |
| Rote Bete | ca. 6 Jahre |
| Tomaten | ca. 6 Jahre |
| Paprika und Chili | ca. 5 Jahre |
| Spinat | 4–5 Jahre |
| Die meisten Salatarten | 4–5 Jahre |
| Gurken, Zucchini, Kürbis | ca. 4 Jahre |
| Erbsen und Bohnen | ca. 4 Jahre |
| Kohlrabi | ca. 4 Jahre |
| Feldsalat | 2–4 Jahre |
| Möhren | ca. 3 Jahre |
| Zwiebeln, Lauch | 2–3 Jahre |
| Pastinaken | ca. 1 Jahr |

### Kräuter und Blumen

| | |
|---|---|
| Basilikum | mind. 4 Jahre |
| Kapuzinerkresse | mind. 4 Jahre |
| Ringelblume | mind. 3 Jahre |
| Bohnenkraut | 2–3 Jahre |
| Borretsch | 2–3 Jahre |
| Dill | 2–3 Jahre |
| Koriander | 2–3 Jahre |
| Majoran und Oregano | 2–3 Jahre |
| Petersilie | 2–3 Jahre |
| Speisechrysantheme | mind. 2 Jahre |
| Kerbel | mind. 2 Jahre |
| Kresse | mind. 2 Jahre |
| Sauerampfer | mind. 2 Jahre |
| Schnittlauch | 1–2 Jahre |

● Trocken und kühl können Sie Samen, die Sie nicht benötigen, für die nächste Balkon-Saison aufbewahren. Füllen Sie das Saatgut bzw. die Saatgutreste in kleine Papiertüten oder die ursprüngliche Samentüte. Die Tüten kommen dann in ein luftdichtes Schraub- oder Weckglas oder eine Blech-dose. Bei selbstgesammelten Samen ist ein Säckchen mit Silica-Gel (gibt es in der Apo-theke oder im Baumarkt) als Beigabe sinn-voll, damit überschüssige Feuchtigkeit auf-genommen wird.

## Vorkultur auf der Fensterbank

Die Vorkultur beginnt meist in Aussaatschalen. Mit ihnen nutzt man den begrenzten Platz am besten aus, da die Pflanzen dort eng ausgesät werden können. Sind sie schließlich gekeimt und einige Zentimeter groß geworden, werden die kräftigen und gut entwickelten Pflänzchen vereinzelt. Das heißt, sie werden von der Saatschale jeweils in kleine Töpfe umquartiert. Diesen Vorgang nennt man Pikieren (mehr zum Pikieren siehe S. 82).

**Die Schritte im Einzelnen:**
- Die Aussaat erfolgt früh im Jahr an einem warmen, hellen Ort- also gewöhnlich auf der Fensterbank, sofern man nicht Besitzer eines geheizten Gewächshauses ist.
- Die Schalen werden mit Aussaaterde gefüllt. Die Oberfläche wird mit einem kleinen Holzbrett angedrückt und geglättet, sodass man das Saatgut darauf verteilen kann.
- In jede Schale können durchaus verschiedene Gemüsearten und Sorten ausgesät werden. Wichtig ist, dass sie gut voneinander getrennt und klar gekennzeichnet sind, damit man sie später nicht verwechselt.
- Die Aussaat wird mit Erde übersiebt (bei Lichtkeimern nur ganz dünn) und dann mit einer Gießkanne gegossen, die eine feine Brause hat. Ein starker Strahl und große Wassertropfen würden die Samen wieder aus der Erde spülen.

✳ Feine Samen werden in Schalen ausgesät. Um die richtige Menge abzuschätzen, können Sie mit Sand üben.

✳ Größere Samenkörner werden einzeln oder zu zweit (einer als Reserve) in kleine Töpfchen gesät.

- Nach ein bis zwei Wochen werden die Sämlinge pikiert, d. h. man löst sie mit einem Stab oder Bleistift aus dem Saatbett. Dann pflanzt man sie in kleine Töpfe um.

## Fruchtgemüse

Tomaten, Auberginen, Chili und Paprika müssen in jedem Fall vorgezogen werden, denn ihre Samen brauchen Wärme zum Keimen und die jungen Pflanzen brauchen sie ebenfalls, um sich gut zu entwickeln. Gemüsearten wie Zucchini, Gurke und Kürbis könnte man Ende April auch an Ort und Stelle im Freien aussäen. Doch gewöhnlich zieht man sie ebenfalls vor. So gewinnt man einen zeitlichen Vorsprung und kann früher mit der Ernte beginnen.

## Vorkultur auf bequeme Art

Statt Jungpflanzen selbst heranzuziehen, kann man diese natürlich auch beim Gärtner oder auf dem Wochenmarkt kaufen, und sie anschließend in die Beete einpflanzen. Für den Balkongärtner, der nicht viele Pflanzen pro Sorte benötigt, ist das eine verlockende Alternative. Für sie spricht der viel geringere Aufwand im Vorwege. Andererseits bekommt man dann meist nicht die Sorten, auf die man besonderen Wert legt. Möglicherweise möchte man eigenes Saatgut gewinnen und dieses wieder aussäen. Das ist bei vielen Hybrid-Sorten nicht möglich, die überwiegend vom Handel angeboten werden. Zudem wird die Anzucht eigener Jungpflanzen von Erfolgsgefühlen gekrönt, die nicht zu unterschätzen sind – und schließlich spart man damit auch noch Geld. Für Menschen allerdings, die gerade mit dem Gärtnern beginnen, ist der Jungpflanzenkauf durchaus empfehlenswert.

## Direkte Aussaat

Viele Pflanzen können direkt an Ort und Stelle ausgesät werden. Das nennt man Direktsaat. Dafür zieht man wenige Zentimeter tiefe Rillen in die Erde. Dann wird die Saattüte aufgerissen oder aufgeschnitten und an der Längsseite geknickt. Aus diesem Falz können Sie die Samen gezielt mit dem Finger herausklopfen. Zum Schluss wird die Rille zugezogen (bei Lichtkeimer nur leicht), die Saat angedrückt, gewässert und mit einem Pflanzenetikett versehen. Bei der Direktsaat bilden die Pflanzen gewöhnlich tiefere Wurzeln und entwickeln sich robuster als vorgezogene Sämlinge. Zu dicht stehende Pflanzen sollten ausgedünnt werden, dazu werden einzelne Exemplare

● Erbsen und Bohnen können Sie in Reihen direkt in die Pflanzgefäße säen.

einfach herausgezupft. Die so gewonnenen Pflänzchen könnten an anderer Stelle wieder eingepflanzt werden. Das funktioniert allerdings nicht bei Wurzelgemüse wie Möhren, Pastinaken, Rettich und Radieschen.

## Keimung beschleunigen

Die Keimung von Samen, die direkt im Freien ausgesät wurden, lässt sich auch beschleunigen. Der Effekt eines kleinen Gewächshauses entsteht, wenn man etwa Glasscheiben auf die Töpfe oder Kisten mit den frischen Aussaaten legt. Oder es werden Glasglocken auf die Töpfe oder unmittelbar über einzelne Aussaatstellen im Beet gestülpt, z. B. über wärmebedürftige Arten wie Zucchini, Gurken und Kürbisse. Die Folge: Der Boden erwärmt sich an dieser Stelle schneller und die Keimruhe wird rascher gebrochen. Haben die Sprösslinge den Boden durch-

brochen, müssen die Minigewächshäuser bei praller Sonne gelüftet werden. Dazu kippt man sie etwas und schiebt einen Stein darunter, oder man entfernt sie gänzlich.

## Anbauplanung

Für eine exakte Anbauplanung ist es hilfreich zu wissen, wie lange einzelne Gemüsearten brauchen, bis die Samen keimen. Dies hängt sehr von der Temperatur ab. Also überlegen Sie genau, in welchem Monat Sie welche Art aussäen wollen, oder ob es doch vorteilhafter wäre, Jungpflanzen auf dem Markt, im Gartencenter oder beim Gärtner zu kaufen. Manchmal hat man schon die Hoffnung aufgegeben, dass die Saat sprießt und hat dabei nicht bedacht, dass eine lange Keimzeit der Grund für die Verzögerung ist. So braucht man in der Regel für Möhren, Petersilie und Schnittlauch Geduld.

✱ Eine durchsichtige Kunststoffhaube schützt zarte Jungpflanzen vor Kälte.

Grundsätzlich sollte Saatgut trocken und kühl aufbewahrt werden (optimal sind Temperaturen zwischen 4 und 10 °C). Dann erhält man eine gute Keimfähigkeit über einen langen Zeitraum. Jedes Jahr nimmt die Keimfähigkeit der Samen allmählich ab. Sinkt sie unter 50 %, sollte man sich von dem Saatgut trennen. Man kann die Keimfähigkeit mit einem einfachen Test feststellen: Man nehme zwanzig Samen, lege diese auf ein Stück feuchtes Küchenpapier, rollt es ein und legt es in eine perforierte Plastiktüte. Nach etwa einer Woche bei ca. 20 °C kann man feststellen, wie viele Samen gequollen bzw. gekeimt sind.

✺ Weckgläser sind ideal, um Samen aufzubewahren.

Bevor Sie Saatgut kaufen, sollten Sie einen Anbauplan machen. (Aussaatkalender siehe S. 134). Dort sieht man auf einen Blick, wann welches Gemüse ausgesät werden muss und wie lange es von der Aussaat bis zur Ernte braucht. Der Anbauplan dient also dem richtigen Timing. Gleichzeitig sieht man auch, welches Gemüse vorkultiviert und welches direkt gesät werden kann. In diesem Zuge sollten Sie auch die eigenen Saatgutbestände checken, ob die Samen noch keimfähig sind.

## Saatgutquellen

Welches Saatgut soll man nun aber kaufen? Zu Beginn des Jahres bieten viele Einzelhändler Saatgut an. Überwiegend handelt es sich dabei um F1-Hybriden. Diese modernen Hochleistungssorten werden häufig so gezüchtet, dass sie sehr homogen sind und nicht selten Resistenzen gegen bestimmte Krankheiten besitzen. Beides ist durchaus zu begrüßen. Leider haben die Sorten den Nachteil, dass man von ihnen kein eigenes Saatgut gewinnen kann. Denn die Nachkommen von F1-Hybriden haben nicht mehr die gleichen Eigenschaften wie ihre Eltern. Das macht die Kunden von den Saatgutfirmen abhängig. Deshalb wird empfohlen samenfeste Sorten zu kaufen. Bei ihnen handelt es sich um alte, bewährte Gemüsesorten und um Neuzüchtungen, die häufig in Bioqualität verfügbar sind, da sie überwiegend von Biobetrieben vermehrt und angebaut werden. Von diesen Sorten kann man eigenes Saatgut gewinnen.

# Gute Nachbarn, schlechte Nachbarn

Pflanzen bleiben am ehesten gesund, wenn der Anbau von Gemüse und Kräutern möglichst abwechslungsreich gestaltet wird. Man weiß mittlerweile, dass jede Kulturpflanze den Boden einseitig auslaugen oder belasten kann. Dazu tragen unter anderem spezielle Wurzelausscheidungen bei. Nach Möglichkeit soll daher die gleiche Gemüseart nicht zweimal nacheinander auf dem gleichen Beet angebaut werden. Das gilt auch für alle Mitglieder ein- und derselben Familie. Auf Erbsen sollen keine Bohnen folgen, denn beide gehören zur Familie der Schmetterlingsblütler und nach Radieschen soll kein Kohl-

rabi gepflanzt werden, da beides Kreuzblütler sind. Diese Regel, die sich auf bestimmte **Fruchtfolgen** bezieht, gilt zumindest für große Flächen im Gemüsebau. In den Minibeeten auf dem Balkon ist die Vielfalt meist von vornherein schon gegeben, da verschiedene Pflanzen nebeneinander wachsen. Es entsteht also eine Mischkultur. Dennoch ist es wichtig, das Prinzip der Fruchtfolge im Hinterkopf zu behalten und nicht in einem Topf immer nur Kohlgewächse anzupflanzen.

Bei der **Mischkultur** geht es also um den Einfluss der Pflanzen, die nebeneinander wachsen. Hierbei spielen ebenfalls Wurzelausscheidungen eine Rolle. Doch auch Duftstoffe, die über Blätter, Blüten und Früchte abgegeben werden, beeinflussen die Entwicklung von Pflanzen. Diese Wechselwirkungen werden schon seit vielen Gärtnergenerationen beobachtet und in großen Teilen immer wieder bestätigt. Auch die Abwehr von Schadinsekten oder das Anlocken von Nützlingen ist Teil dieses Wirkungsgefüges. Nicht immer sind die Wirkungen günstig. So gibt es auch Pflanzen, die nicht gut miteinander auskommen. So soll man etwa neben Erbsen keine Buschbohnen oder Tomaten setzen.

Für den eigenen Anbauplan berücksichtigt man zuallererst Fruchtfolgen und Partnerschaften, die sich an den Nährstoffbedürfnissen der einzelnen Pflanzenarten orientieren. So sollten Arten mit gleichen Nährstoffansprüchen auf einem Beet wachsen. Mehr dazu im nächsten Kapitel »Richtig Düngen«.

✿ Bunt gemischt wachsen Kräuter, Salat und Tomaten im Kübel.

● Anbau in Etagen: Die Tomaten im obersten Palettenstockwerk bekommen als Erste ihr Wasser, das dann langsam nach unten zu den Kräutern und Salaten sickert. Genug für alle!

# Richtig Düngen

Im Garten können Pflanzen ihren Hunger größtenteils aus den vorhandenen Nährstoffreserven des Bodens stillen. So wird im ökologischen Anbau der Boden regelmäßig mit organischen Stoffen wie Kompost, Mist und Gründüngung versorgt, um das Angebot reichhaltig zu gestalten. Die Bodenorganismen zerkleinern alles und schließen so die für die Kulturpflanzen wichtigen Nährstoffe auf. Im Topf funktioniert dieser Vorgang nur bedingt. Hier ist das Bodenvolumen, das gleichzeitig als Speicher fungiert, gering. Daher müssen zusätzliche Nährstoffe gegeben werden. Das hat den Vorteil, dass die Bedürfnisse der jeweiligen Pflanzenarten gezielt bedient werden können.

## Wer braucht wie viel Dünger?

Man unterscheidet drei Pflanzengruppen: solche mit geringen, mit mittleren und mit hohen Nährstoffansprüchen. Zugrunde gelegt wird die Stickstoffmenge, die eine Pflanze bis zur Ernte verbraucht. Diese richtet sich nach der Länge der Wachstumszeit und danach, wie viel Masse von der Pflanze gebildet wird. Die einzelnen Gruppen bezeichnet man als:

- **Schwachzehrer**: Die meisten Kräuter sowie Radieschen, Feldsalat, Bohnen und Erbsen.
- **Mittelzehrer:** Möhre, Rote Bete, die meisten Salate, Zwiebeln, Pastinake, Spinat, Mangold, Mairübchen und Pak Choi.

☀ Flüssigdünger wirkt schnell und lässt sich einfach dosieren.

### Die Höhe der Düngergaben für die jeweilige Pflanzengruppe

| Pflanzengruppe | Stickstoff (N)/m² | Stickstoff (N)/10 l Erde |
|---|---|---|
| Schwachzehrer | 4–7 g | 1–3 g |
| Mittelzehrer | 7–10 g | 3–6 g |
| Starkzehrer | 10–14 g | 6–9 g |

- **Starkzehrer**: Kartoffeln, Tomaten, Paprika, Chili, Zucchini, Gurken, Kürbisse und Kohlrabi. Ebenso gehören alle anderen Kohlarten dazu wie Brokkoli, Rot- und Weißkohl, Blumenkohl etc., die hier keine Rolle spielen, weil es sich kaum lohnt, sie im Topf heranzuziehen.

Die Düngermenge richtet sich also nach der Gemüseart und ihren Nährstoffansprüchen gemäß den drei Gruppen schwach, mittel und stark. Düngerempfehlungen seitens der Hersteller nehmen häufig eine ähnliche Unterteilung vor. Für Cuxin Gemüsedünger empfiehlt der Hersteller zum Beispiel eine Aufwandmenge pro Quadratmeter für Hülsenfrüchte (also Bohnen und Erbsen) von 50 g, für Wurzel-, Knollen-

● Organische Dünger brauchen ein paar Tage, bis die Nährstoffe für die Pflanzen verfügbar sind.

und Blattgemüse von 100 g und für Fruchtgemüse (also Tomaten, Paprika, Gurken, Zucchini) von 150 g. Die Mengenempfehlungen richten sich immer nach der Rezeptur einzelner Dünger, daher sollte man immer genau schauen, was auf der jeweiligen Packung steht. Meist bezieht sich die Düngermenge auf Gramm pro Quadratmeter Beetfläche. Findet man keine Hinweise auf der Verpackung, muss man die Düngergaben selbst berechnen. Dazu sind die Werte in der Tabelle hilfreich:

Soll ein Mittelzehrer, z.B. Salat, 8 Gramm Stickstoff mit Hilfe eines handelsüblichen organischen Düngers bekommen, schaut man zuerst auf der Verpackung nach wie viel Prozent Stickstoff im Dünger enthalten ist. Diese Angabe verbirgt sich auf der Verpackung in der Zahlenreihe: 7–14–12. Sie gibt in dieser Reihenfolge den Anteil von N (= Stickstoff) – P (= Phospor) – K (= Kalium) an. Sind zum Beispiel 7 Prozent Stickstoff enthalten, so beträgt die Aufwandmenge des Düngers 114 Gramm pro Quadratmeter (8 mal 100 geteilt durch 7).

Bezogen auf einen 10-Liter-Topf müssten von demselben Fertigdünger 57 Gramm verabreicht werden, um dem Mittelzehrer, in diesem Fall also Salat, 4 Gramm Stickstoff zur Verfügung zu stellen (4 mal 100 geteilt durch 7). Die Düngermenge würde dann mit der gesamten Topferde vermischt werden.

## Mineralisch oder organisch?

Die Nährstoffe mineralischer Stickstoffdünger werden schnell im Wasser gelöst und stehen den Pflanzen dann unmittelbar zur Verfügung. Im biologischen Gemüseanbau wird jedoch gänzlich auf Mineraldünger verzichtet. Nur so lassen sich optimale Qualitäten erreichen – und das ist ja auch der Ansporn vieler Hobbygärtner. Möchte man gesundes Gemüse erzeugen, müssen Nährstoffangebot und Bedarf im Gleichgewicht sein. Mit der Zeit bekommt man dafür ein Gefühl. Sieht die Kulturpflanze zum Beispiel mickrig aus, sind ihre Blätter hellgrün und bleiben klein, mangelt es meist an Stickstoff. Für schnelle Abhilfe sorgen in diesem Fall organische Flüssigdünger, die auch im Ökologischen Landbau verwendet werden wie »BioTrissol« und »Provita Vinasse«. Beides sind Produkte aus fermentierter Zuckerrübenmelasse, die neben Stickstoff, Phosphor und Kalium auch Spurenelemente enthalten. Dosiert werden sie ins Gießwasser gemischt, um Nutzpflanzen

● Körnige Dünger mit der Harke in die Erde einarbeiten.

gezielt und kurzfristig zu düngen. Das kommt Tomaten zugute, die während der Fruchtbildung viele Nährstoffe brauchen. Es kann auch Salaten helfen, denen nach mehrfacher Ernte die Kraft für einen Neuaustrieb fehlt.

Wird eine Kultur schließlich vollkommen abgeerntet und das Beet bzw. der Topf für die nächste Kultur vorbereitet, muss darauf geachtet werden, dass noch ausreichend Nährstoffe in der Erde sind. Es wäre aufwendig, diese zu messen. Daher legt man den ungefähren Nährstoffentzug zugrunde, eine Methode, die auch unter Profigemüsegärtnern weit verbreitet ist. Der Tabelle entnehmen wir, dass pro Kilogramm geerntetem Salat etwa 1,8 Gramm Stickstoff verbraucht bzw. dem Boden entzogen wurde. Beispiel: Die Grundversorgung für einen Mittelzehrer, in unserem Beispiel Salat, betrug 4 g Stickstoff pro 10 l Erde. Bezogen auf ein Gefäß mit einem Fassungsvermögen von 100 l, haben wir anfangs also 40 g Stickstoff gedüngt. Das entsprach knapp 600 Gramm eines organischen Düngers mit 7 % N (100 × 40 geteilt durch 7 = 571 g). Laut Tabelle hat die Ernte des Salats dem Boden etwa 1,8 g Stickstoff pro Kilogramm entzogen. Wurden beispielsweise 5 kg Salat geerntet, betrug der Nährstoffentzug 9 g Stickstoff, der nun nachgedüngt werden muss. Soll die Grundversorgung wieder auf den Ausgangswert angehoben werden, müssen nun knapp 130 Gramm des organischen Düngers (100 × 9 geteilt durch 7 = 129 g) in die Erde eingemischt werden.

### Nährstoffentzug einzelner Arten:
- Schnittlauch 5,0 g N/kg Erntemenge
- Lauchzwiebel 5,0 g N/kg Erntemenge

- Petersilie 4,5 g N/kg Erntemenge
- Feldsalat 4,5 g N/kg Erntemenge
- Rucola 4,0 g N/kg Erntemenge
- Spinat 3,6 g N/kg Erntemenge
- Mangold 3,2 g N/kg Erntemenge
- Basilikum 3,0 g N/kg Erntemenge
- Paprika 3,0 g N/kg Erntemenge
- Dill 3,0 g N/kg Erntemenge
- Kohlrabi 2,8 g N/kg Erntemenge
- Rote Bete 2,8 g N/kg Erntemenge
- Pak Choi 2,5 g N/kg Erntemenge
- Buschbohne 2,5 g N/kg Erntemenge
- Radieschen 2,0 g N/kg Erntemenge
- Mairübchen 2,0 g N/kg Erntemenge
- Salat 1,8 g N/kg Erntemenge
- Früh-Möhren 1,7 g N/kg Erntemenge
- Zucchini 1,6 g N/kg Erntemenge

- Rettich 1,5 g N/kg Erntemenge
- Tomate 1,5 g N/kg Erntemenge

## Entzug durch Ernten

Bei den obigen Zahlen geht es nur um den Nährstoffentzug durch die Ernte der Nutzpflanze. Unberücksichtigt bleiben die Ernterückstände. So wird verständlich, dass die Tomatenfrüchte dem Boden nur wenig Stickstoff entziehen. Der hohe Nährstoffbedarf des Starkzehrers Tomate wird vor allem für das Wachstum der Pflanzen benötigt. In unserem Fall vernachlässigen wir die Ernterückstände, um nicht Gefahr zu laufen, das Gemüse zu überdüngen. Ein Teil der Rückstände, zum Beispiel die Wurzeln, bleiben ohnehin im Boden und werden allmählich wieder zu Erde.

● Weder zu viel noch zu wenig Dünger – dann wachsen die Mangoldpflanzen prächtig.

# Bewässerung – richtig gießen

Machen Sie sich Folgendes klar: Die Wasser-reserven in Gefäßen und selbst in Hochbeeten sind äußerst begrenzt. Das Gemüse hat jedoch einen hohen Wasserbedarf. Besteht es doch schließlich zu mindestens 80 % aus Wasser. Wenn es also daran mangelt, werden sich die Pflanzen nicht vernünftig entwickeln, und dann gibt es nur wenig zu ernten. Daher ist eine regelmäßige Versorgung der Pflanzen mit Was-ser wichtig.

## Darauf müssen Sie achten

- Das Wasser muss bis zu den Hauptwurzeln vordringen. Je nach Gemüseart befinden sich diese in einer Tiefe zwischen 10 und 30 Zen-timetern. Es muss also gründlich gegossen werden.
- Soll die Feuchtigkeit etwa 30 Zentimeter tief in den Boden eindringen, müssen 20 bis 30 Liter Wasser pro Quadratmeter gegossen werden. Bei Töpfen ist es einfach. Man gießt so lange, bis das Wasser aus dem Bodenloch sickert. Falls unter dem Topf ein Untersetzer steht, muss dieser ausgeleert werden, wenn das überschüssige Wasser nach etwa einen halben Stunde nicht von den Pflanzenwur-zeln aufgesogen wurde.
- Wird das Gemüse größer, steigt natürlich auch dessen Wasserbedarf. Wie häufig gewässert werden muss, hängt jedoch stark von der Witterung ab.

✹ Generell sollten die Blätter beim Gießen nicht nass werden, das beugt Krankheiten vor.

- Woran erkennt man, dass gegossen werden muss? Eine oberflächlich trockene Erde bedeutet noch nicht, dass die Wurzeln kein Wasser mehr haben. Um das festzustellen, muss man den Daumen einige Zentimeter tief in die Erde drücken. Fühlt sich die Erde dann immer noch trocken an, ist eine Bewässerung angebracht.
- Lassen die Pflanzen die Blätter hängen, ist es höchste Not. Dann brauchen sie dringend Wasser. Im Beet sorgt man für kleine Mulden, damit das Gießwasser nicht seitlich von den Wurzeln wegläuft. Topfe werden dann gründlich gewässert. Wichtig ist, dass zwischen Rand und Erdoberfläche mindestens zwei Zentimeter Platz ist, damit das Wasser nicht gleich über den Rand schwappt und abfließt. Kleinere Töpfe werden samt Pflanze in einen Eimer getaucht und so lange unter Wasser gedrückt, bis die Luftbläschen aus dem Wurzelballen entwichen sind.
- Gießen Sie möglichst so, dass die Pflanzen selbst trocken bleiben. Der Wasserstrahl soll also nur auf den Wurzelbereich gerichtet werden. Werden die Blätter nass, steigt die Gefahr von Infektionen. Über den Wasserfilm verbreiten sich Pilze, Bakterien und Viren.
- Daher möglichst am Morgen oder frühabends gießen, sodass Wasserspritzer immer schnell wieder abtrocknen können. In der Mittagshitze können Wassertropfen auf den Blätter wie ein Brennglas wirken und zu punktuellen Verbrennungen führen.
- Regenwasser ist das beste Gießwasser. Es ist weich und hat die gleiche Temperatur wie die Außenluft. Vor allem in den Sommermonaten ist es wärmer als Leitungswasser. Sammeln Sie daher Regenwasser.

Optimal wäre eine Bewässerung, die den Pflanzen immer nur genau die Wassermenge zurückgibt, die sie gerade verdunstet haben. Dazu sind zumindest ansatzweise automatische Bewässerungssysteme in der Lage. Drei sollen hier kurz vorgestellt werden:

- **Blumat-System:** Es besteht nur aus wasserleitenden Tonkegeln und einem Wasserbehälter. Die Tonkegel stecken neben den Pflanzen im Topf und fühlen gleichsam, wann die Wurzeln Wasser brauchen. Trocknet die Erde aus, entsteht in den Kegeln ein Unterdruck, der das Wasser aus einem bereitstehenden Gefäß ansaugt. Das System lässt sich auch über einen Wasseranschluss regeln.
- **Micro-Drip-System** von Gardena: Kleine Tropfer bringen das Wasser wohldosiert direkt an die Pflanzenwurzeln. Sie werden in die Töpfe gesteckt und zweigen von einem längeren Schlauch ab, der an einen Wasserhahn angeschlossen ist. Das Ganze kann über einen Bewässerungscomputer gesteuert werden. Erfahrungswerte werden zugrunde gelegt, um die Intervalle einzustellen, oder sie werden von Hand gesteuert.
- **Perlschlauch:** Der Spezialschlauch aus Recyclingmaterial ist von winzigen Löchern durchsetzt. Er wird mit einem Wasseranschluss verbunden und parallel zu den Pflanzenreihen ausgelegt. Öffnet man den Hahn ein wenig, tritt das Wasser nur tröpfchenweise entlang des Schlauchs aus. Es hat sich im dunklen Schlauch meist schon erwärmt. So erhalten die Pflanzen kontinuierlich geringe Mengen an Feuchtigkeit. Der Schlauch eignet sich besonders für Hochbeete. Er lässt sich auch eingraben, sodass man ihn nicht sieht.

# Troubleshooting: Was tun, wenn?

## Abiotische Schäden

### Nährstoffmangel

Ein Mangel an Nährstoffen, also zu wenig Dünger, drückt sich meist in hellgrünem Laub aus. Hierbei handelt es sich um einen Mangel an Stickstoff, dem wichtigsten Nährstoff. Die Pflanzen wachsen dann kaum noch. Vor allem die jungen Blätter erscheinen blassgrün und wenn der Mangel länger anhält schließlich hellgelb. Geben Sie dann einen stickstoffbetonten Flüssigdünger (z. B. BioTrissol). Färbt sich das Laub allmählich wieder satt grün, dann haben Sie das

Problem richtig erkannt, und die Pflanzen werden nach einiger Zeit ordentlich weiterwachsen. Das Gegenteil von Stickstoffmangel ist ein Überschuss dieses Nährstoffes. Dann sind die Blätter dunkelgrün gefärbt und zeigen manchmal sogar einen leicht bläulichen Schimmer. Das kann passieren, wenn Sie zu viel gedüngt haben. Auch das sollte man in jedem Fall vermeiden. Denn der überschüssige Stickstoff gelangt über die Nahrung in Form von Nitrat in den Körper. Im Magen-Darm-Trakt können daraus unter bestimmten Umständen Nitrosamine werden, die als gesundheitsgefährdend gelten.

☀ Von Schädlingen befallene oder von Hagel und Regen beschädigte Blätter werden entfernt. Die Gemüsepflanzen regenerieren sich fast immer von alleine.

## Welke

Schlappe Blätter hängen fast immer mit der Wasserversorgung der Pflanzen zusammen. Doch sie können unterschiedliche Ursachen haben. Naheliegend ist Wassermangel. Leiden Pflanzen unter Trockenheit, lassen sie die Blätter hängen. Sie müssen dann ganz schnell ausgiebig gegossen oder samt Topf in einen Wassereimer getaucht werden (siehe Kap. Bewässerung). Doch auch das Gegenteil kann der Fall sein. Sie haben die Pflanzen immer kräftig gegossen und nun lassen sie die Blätter hängen. Wie konnte das passieren? Auch hier ist letztlich Wassermangel die Ursache. Das mag paradox klingen, doch wenn die Topferde permanent nass ist, erhalten die Wurzeln zu wenig Sauerstoff und sterben ab. Abgestorbene Wur-

zeln können die Pflanze nicht mehr mit Wasser versorgen. Daher vertrocknen schließlich die Blätter. Achten Sie daher darauf, dass Pflanzen niemals in einer Wasserpfütze stehen, die sich zum Beispiel in der Schale unter dem Topf gebildet hat. Das kann auch geschehen, wenn keine oder zu kleine Löcher im Boden eines Gefäßes das Wasser gar nicht oder nicht richtig abfließen lassen. Es gibt auch Schädlinge (z.B. die Larven des Dickmaulrüssler-Käfers) und Krankheiten, die die Wurzeln einer Pflanze zerstören. Auch dann können diese kein Wasser mehr aufnehmen und die Pflanze vertrocknet.

## Schädlinge

### Blattläuse

Sie tauchen scheinbar über Nacht auf und saugen zu Hunderten dicht an dicht gedrängt den Saft aus dem Pflanzengewebe. Es gibt grüne, schwarze und rötliche Arten, die alle nicht besonders wählerisch sind. Auf ihrer Sommertour lassen sie kaum ein Gewächs aus, suchen Obststräucher, Wildkräuter, Blumen und Gemüse heim. Die Läuse scheiden ein klebriges Sekret, den Honigtau aus, der Ameisen anlockt und auf dem sich schwarze Rußtaupilze ansiedeln können.

Ihr Speichelsekret führt häufig auch zu Blattkräuselungen. Typisch sind etwa die verkrüppelten Blätter an Beerenobst, verursacht durch die Johannisbeerblasenlaus. Manchmal werden so auch Viren von anderen Pflanzen übertragen. Oft sind die Pflanzensauger nach wenigen Wochen wieder verschwunden. Denn dann sind natürliche Blattlausfeinde wie Schwebfliegen und die Larven von Marienkäfern und

● Blattläuse lassen sich meist mit einem Wasserstrahl abspritzen oder einfach mit den Fingern abstreifen.

Florfliegen aktiv. Von den Läusen bleiben dann nur weiße Häute übrig. Wer nicht so lange warten will, sollte daher nur nützlingsschonende Mittel direkt auf die Läuse an Blättern und Stängel spritzen, z. B. das auf Kaliseife basierende Neudosan Neu Blattlausfrei.

## Schnecken

Nacktschnecken können besonders in feuchten Jahren an Gemüsepflanzen großen Schaden anrichten. In Nullkommanichts haben sie ganze Pflanzen vertilgt. Häufig geschieht dies über Nacht. Typisch ist der Schabefraß, mit dem sie große Löcher beispielsweise. in die Blätter von Salatpflanzen raspeln. Am Boden und auf den Pflanzen bleiben silbrig glänzende Schleimspuren zurück. Daran lassen sich die Übeltäter

erkennen. Das sicherste Mittel ist Schneckenkorn, z. B. das ungiftige Ferramol (Neudorff). Da allerdings auf dem Balkon nicht mit einer Schneckeninvasion zu rechnen ist, sollten Sie die Tiere einfach absammeln. In einem größeren Beet sind Bretter hilfreich, die man auslegt. Tags schlüpfen die Schnecken darunter und können so leicht weggeräumt werden.

## Pilzkrankheiten

### Grauschimmel

Dieser Pilz tritt bei feucht-kalter Witterung auf. Doch es sind vor allem geschwächte Pflanzen, die von dieser Pilzerkrankung befallen werden, zum Beispiel von Erdbeeren, Beerensträuchern, Tomaten, Gurken, Zucchini und Kürbis. Typisch

✻ Schnecken lieben zarte Blätter von Salaten und Kräutern wie diesem Basilikum.

✻ Bei feuchter Witterung können Erdbeeren von Grauschimmel befallen werden. Kranke Früchte entfernen!

ist der graue Belag, der sich wie feiner Haarwuchs oberflächlich breitmacht. Darunter ist das Gewebe weich und faulig. Früchte, Blüten, Blätter und Stängelteile sind betroffen und sterben schließlich ab. Hilfreich ist alles, was die Pflanzen trocken hält. Wenn möglich, rückt man sie bei Dauerregen unter ein Dach. Erdbeerfrüchte sollten frei hängen oder auf Stroh gepolstert sein. Entfernen Sie die betroffenen Pflanzenteile. Vermeiden Sie auch das Überdüngen mit Stickstoff. Es macht das Gewebe weich und schwächt die Pflanzen.

## Kraut- und Braunfäule an Tomaten

Dieser gefürchtete Pilz macht sich folgendermaßen bemerkbar: Das Laub und die Früchte der Pflanzen zeigen dunkle Flecken.Die Fäule geht von einem Pilz aus, der sich bei feuchter Witterung schnell ausbreitet. Da auch Kartoffeln von diesem Pilz befallen werden, sollten beide Arten Abstand voneinander halten. Zuerst zeigen die Blätter graugrüne, später dunkelbraune Flecken. Auf deren Unterseite ist ein weißgrauer Belag sichtbar. Später greifen die Flecken auf Stängel und Früchte über. Die sich braun verfärbenden Früchte werden zudem runzelig. Die Pflanzen möglichst trocken halten. Beim Gießen nur die Erde und nicht das Laub und die Früchte benetzen. Wählen Sie widerstandsfähige Sorten. Am besten bekommen die Pflanzen einen Regenschutz. Kranke Pflanzenteile entfernen.

## Echter Mehltau

Mehltau entsteht vorwiegend bei sommerlich, trockener Witterung. Daher heißt er auch »Schönwetterpilz«. Befallen werden u. a. Gurken, Zucchini, Tomaten, Erbsen, Feldsalat, Möhren, Stachelbeeren und Salbei. Auf den Blättern ent-

● Die von Kraut- und Braunfäule befällt Blätter, Stängel und Früchte von Tomaten.

steht ein zuerst weißer, später grau-schmutziger Belag, der abwischbar ist. Allmählich werden die Blätter braun und vertrocknen.

Hilfreich kann eine Milch-Spritz-Brühe (⅛ Liter Milch auf 1 Liter Wasser) sein. Sie wird alle zwei Tage auf die Pflanzen gespritzt. Befallene Pflanzen sollten nach der Ernte aus dem Beet entfernt werden, denn der Pilz überwintert auf Pflanzenresten. Größere Regenfälle können den Befall reduzieren.

Der sogenannte Falsche Mehltau ist an dunklen, violettgrauen Flecken auf den Blättern und einem Pilzrasen auf der Unterseite erkennbar. Befallene Blätter entfernen.

# Auf einen Blick: Salat

Beliebt sind Kopf-, Eis-, Romana- und Pflück-salate. Einige dieser Arten neigen dazu, im Sommer rasch zu blühen, besonders bei hohen Temperaturen. Die Pflanzen strecken sich und bilden dann einen Stängel. Man sagt, sie »schie-ßen«. Daher sät man hauptsächlich im Frühjahr aus. Auch bei Temperaturen über 20 °C keimen viele Salate nur schlecht. Achten Sie auf den Anbauzeitraum, der auf der Samentüte steht.

## Arten und Sorten für den Balkon

Für den Anbau auf Terrasse und Balkon sind Arten zu empfehlen, die keinen Kopf bilden, sogenannte Pflück- und Schnittsalate. Von ihnen lassen sich schon nach wenigen Wochen die ersten frischen Blätter ernten. Der Name bezieht sich vor allem darauf, wie geerntet wird. Werden die Blätter gepflückt, beginnt man bei den äußeren und lässt die inneren Blätter, das Herz der Pflanze, stehen. So wächst die Salat-pflanze immer weiter. Entscheidet man sich für das Schneiden, so beginnt die Ernte bei einer Pflanzenhöhe von 15 Zentimetern. Dabei wer-den die Blätter nicht tiefer als zwei Zentimeter über dem Boden gekappt. Dann wachsen die Pflanzen immer wieder nach und können bis zu viermal geerntet werden. Schneiden Sie tiefer, geht die Pflanze ein.

● Erntezeit! Aus dem Topf in die Schüssel. Frischer geht es wirklich nicht.

## Baby-Leaf-Salate

Salate, die schon als junge Pflanzen geschnitten werden, heißen auch »Baby-Leaf-Salate«. Häufig werden diese als Mischung angebaut, sodass in jeder Reihe eine bunte Salatvielfalt sprießen kann. Salatmischungen (Mesclun aus Frankreich, Misticanza aus Italien) enthalten neben verschiedenen Pflück- und Schnittsalaten auch Romana-Salate (Mesclun) sowie Schnittzichorien, Rauke und Hirschhornwegerich (Misticanza). Eigene Mischungen lassen sich herstellen, indem man Salat-Saatgut zusammenmischt und dann aussät.

Im Folgenden eine Übersicht über die wichtigsten Salatarten:

- **Pflück- und Schnittsalat** (bei 12 °C ca. acht Tage Keimzeit), z. B. Eichblatt-Salat wie 'Red Salad Bowl', 'Till' und 'Cerbiatta', Batavia-Salat wie 'Amerikanischer Brauner', Lollo-Salate wie Lollo Rossa und Lollo Bionda sowie Kopfsalat, der sich ebenfalls pflücken oder schneiden lässt, wenn man die Kopfbildung nicht abwartet, etwa Sorten wie 'Maikönig' und 'Neckarriesen'.
- **Romana-Salat** (bei 12 °C ca. acht Tage Keimzeit) mit Sorten wie 'Valmaine', 'Forellenschluss' und 'Brun d'hiver' kann ebenfalls wie Pflück- oder Schnittsalat gezogen werden.
- **Salat-Rauke** (bei 12 °C ca. sieben Tage Keimzeit) wird wie Schnittsalat gezogen.
- **Wilde Rauke** ist mehrjährig und sollte in extra Töpfe gesät werden.
- **Asia-Salate** sind relativ kälteresistent und vertragen sogar leichten Frost. Im März ausgesät bringen sie viele würzige Blätter hervor, treiben dann ab Mai allerdings schon Blüten. Bei einer Aussaat ab Juli bleibt die Blüte aus und man kann sie bis in den Herbst/Winter hinein ernten. Zu den typischen Vertretern zählen Mizuna, Tatsoi, Blattsenf und Perilla (Shiso).
- **Speise-Chrysantheme** wird bei Höhen zwischen 10 und 20 cm für Salate geschnitten. Mehrmalige Ernte dieser würzigen Pflanze ist möglich. Ab Juni bilden sich Blüten.
- **Hirschhornwegerich** bildet starke Blattrosetten und wird bis zu 30 cm hoch. Er ist wie die Wilde Rauke mehrjährig und sollte in extra Töpfe gesät werden.
- **Wintersalate**. Zu ihnen zählen Feldsalat, Winterpostelein bzw. Winterportulak, Winterkresse bzw. Barbarakraut sowie Zuckerhut. Sie werden ab Juli gesät und können bis ins folgende Frühjahr hinein geerntet werden.

● Asia-Salate sind perfekt für kleine Töpfe.

# Auf einen Blick: Beerenobst

Von der Ernte eines Johannisbeerenhoch-stamms können Sie leicht einen Kuchen backen oder einige Gläser Marmelade kochen und dann bleiben immer noch Früchte zur Verzierung von Salaten und Süßspeisen übrig. Ist der Balkon groß genug, sollten Sie sich daher den einen oder anderen Beerenobststrauch gönnen. Ein Gefäß dafür sollte mindestens 30 Liter fassen – vor allem dann, wenn man viele Jahre Freude an dem Strauch haben möchte. Grundsätzlich ist Beerenobst einfach zu handhaben, sofern die Sträucher jedes Jahr frischen Dünger bekommen und ausgelichtet werden. In den Topf kommt Blumen- oder Kübelpflanzenerde.

❁ Beerenvielfalt vom Balkon!

Nur Heidel- bzw. Blaubeeren brauchen eine spezielle saure Erde.

- **Johannis- und Stachelbeeren** Sie machen besonders als Stämmchen eine gute Figur. Dann lassen sich noch andere Pflanzen darunter stellen. Empfehlenswerte Johannisbeer-Sorten sind 'Jonkher van Tets' (rot, früh), 'Rovada' (rot, lange Trauben), 'Bona' (schwarz, mild).
- **Himbeeren** Wählen Sie Herbst-Sorten, die ihre Früchte ab Mitte August tragen, wie 'Polka', 'Himbo-Top' und 'Aroma-Queen'. Die Früchte sind frei von Larven, weil sich diese dann schon zur Verpuppung in den Boden abgeseilt haben. Im Herbst nach der Ernte oder im Frühjahr werden die abgetragenen Ruten über dem Boden gekappt.
- **Brombeeren** 'Navaho' ist bislang die einzig aufrecht wachsende Sorte, die ohne Spaliere auskommt und sich daher auch für den Balkon eignet. Sie trägt große roséfarbene Blüten. Die Triebe nach der Ernte bodennah abschneiden.
- **Heidel- bzw. Blaubeeren** Sie benötigen ein saures Milieu. Sonst wachsen die Pflanzen nur kümmerlich. Daher verwendet man am besten eine Rhododendron-Erde für den Topf. Die Pflanzen werden nicht geschnitten.
- **Erdbeeren** Empfehlenswert sind Monats-Erd-beeren wie 'Mara des Bois' und 'Josee'. Sie tragen von Juni bis Oktober Früchte. Knipst man die erste Blütenknospe aus, verzweigen sich die Pflanzen, bilden Ausläufer und setzen mehr Blüten und Früchte an.

● Heidelbeeren gedeihen auch in großen Pflanzgefäßen. Wichtig: Kein hartes, kalhaltiges Gießwasser verwenden.

# Auf einen Blick: Kräuter

Wer gerne kocht, freut sich, wenn ihm unmittelbar frische Kräuter zur Verfügung stehen. Auf der Fensterbank lassen sich diese nur begrenzt heranziehen. Doch auf dem Balkon kann man von einigen rund ums Jahr ernten. Welche dafür geeignet sind und wie die vielen anderen, schmackhaften Kräuter selbst herangezogen werden können, dazu hier ein kurzer Überblick:

## Mehrjährige Kräuter

Rosmarin, Salbei, Thymian und Bergbohnenkraut gehören zu den mediterranen Kräutern, die zu kleinen Sträuchern heranwachsen und

❋ Kräutertöpfe brauchen nicht viel Platz – da ist auch auf einem kleinen Balkon Vielfalt angesagt.

von daher mehrere Jahre überdauern können. In der Provence wachsen sie wild. Daher findet man sie in Gewürzmischungen wie »Kräuter der Provence«. Meist ist auch Oregano dabei, der ebenfalls jedes Jahr wiederkommt, allerdings aus dem Wurzelstock austreibend. Die Herkunft dieser Arten macht ihre Vorlieben deutlich. Sie wollen einen warmen, sonnigen Standort haben und benötigen nicht viel Wasser. Da sie von kargen Böden kommen, brauchen sie nur wenige Nährstoffe. Allerdings sind die Vorräte im Gefäß endlich. Daher müssen auch diese Pflanzen jedes Frühjahr gedüngt werden, am besten mit einem Kräuterdünger.

Gegen unsere Winter sind die mediterranen Kräuter dagegen von Natur aus nur schlecht gewappnet. Daher brauchen sie in der kalten Jahreszeit unser besonderes Augenmerk. Man stellt sie geschützt auf und deckt sie bei frostigen Temperaturen zusätzlich mit Vlies oder Jutesäcken ab. Eine erfolgreiche Überwinterung hängt auch entscheidend von der richtigen Sortenwahl ab. Beim Salbei gelten die Sorte 'Berggarten' und 'Mittenwald' als robust; beim Rosmarin sind es die Sorten 'Arp', 'Weihenstephan', 'Rex' und 'Veitshöchheim'. Die hier genannten Sorten bekommen Sie nur in speziellen Staudengärtnereien.

Liebstöckel (wird sehr groß), Minze, Sauerampfer und Zitronenmelisse kommen leichter über den Winter. Diese Arten müssen regelmäßig, am besten jedes Jahr, umgetopft, gedüngt und geteilt werden. Ebenso wie Estragon. Bei die-

sem Kraut muss zwischen dem robusten Russi-
schen Estragon mit wenig Aroma und dem sehr
aromatischen, dafür jedoch frostempfindlichen
Französischen Estragon unterschieden werden.
Deutscher Estragon ist ein Kompromiss.

## Zweijährige Kräuter

Im ersten Jahr nach dem Heranwachsen der
Petersilie können laufend Blätter geerntet werden. Im Juni des zweiten Jahres jedoch blühen
die Pflanzen, und sie verlieren ihr Aroma. Zuvor
kann noch das frische Blattgrün geerntet werden. Danach sollte man sich spätestens von
den Pflanzen trennen, es sei denn, man möchte Saatgut davon ernten. Dann lässt man sie
blühen. Auch von Schnittlauch und Schnittknoblauch kann man im ersten Jahr regelmäßig ernten. Ihre Blüten bilden auch sie erst im zweiten
Jahr. Anders als Petersilie sterben diese beiden
Arten jedoch nicht nach der Blüte ab. Genau
genommen sind sie daher mehrjährig. Ihre
Blüten sind ebenfalls genießbar. Schneidet
man diese ab, treibt frisches Grün nach, das
man wieder zum Würzen verwenden kann.
Schnittlauch kann im Winter auch angetrieben
werden. Dazu holt man ihn ins warme Zimmer,
nachdem er einmal kräftig Frost bekommen hat.
Nach kurzer Zeit sprießen die jungen röhren-
förmigen Blätter. Am Ende des Winters sind
die Pflanzen jedoch meist erschöpft.

## Einjährige Kräuter

Basilikum, Bohnenkraut, Dill, Kerbel, Kresse,
Koriander, Majoran, Borretsch und Schwarzkümmel werden je nach individuellen Ansprüchen
zwischen März und Mai in Kräutererde ausgesät. Haben die Pflanzen eine bestimmte Größe
erreicht, können laufend Blätter geerntet wer-

✳ Immer griffbereit: Kräuter in Hängetöpfen.

den (Basilikum, insbesondere Strauchbasilikum,
Bohnenkraut, Koriander, Majoran, Borretsch).
Oder die Pflanzen werden einmalig geschnitten
(Dill, Kerbel, Kresse). Dann wird das Kraut frisch
verwendet, getrocknet oder eingefroren. Vom
Schwarzkümmel werden einmalig die Samen
geerntet. Zuvor blüht er mit hübschen blauen
Blüten, die denen der Sommerblume »Jungfer
im Grünen« ähnlich sind.

# Auf einen Blick: Kälteschutz

## Abhärten

Alle Gewächse, die früh im Jahr auf der Fensterbank herangezogen werden, sollte man langsam an die kühlen Außentemperaturen gewöhnen, bevor die Pflanzen dauerhaft ins Freie kommen. Die Tage müssen in jedem Fall frostfrei sein. Am besten deckt man die Pflanzen draußen mit Vlies ab und holt sie in der ersten Woche abends zurück ins Zimmer, wenn nachts Frost droht.

Das Vlies sorgt auch dafür, dass die Blätter der Pflanzen nicht verbrennen. Diese sind nämlich gegenüber den UV-Strahlen der Sonne ähnlich empfindlich wie die menschliche Haut und können wie diese einen Sonnenbrand bekommen.

### TIPP

### Vorsicht Frost

Gefahr droht überwinternden Salaten und Kräutern (und allen anderen Topfpflanzen, die draußen bleiben), wenn die Erde in den Gefäßen nass ist. Gefrorenes Wasser dehnt sich um ca. 10 Prozent seines Volumens aus und sprengt dann sogar dickwandige Behälter. Sorgen Sie daher für Regenschutz. Solange die Erde in den Töpfen nur feucht ist, besteht keine Gefahr. Auch Gießkannen sollten entleert werden, damit sie nicht platzen.

Daher sollten alle Pflanzen, die ins Freie kommen, zwei Wochen lang eher etwas schattig stehen. Das gilt auch für die frostempfindlichen Arten wie Auberginen, Tomaten, Paprika und Zucchini, die ohnehin erst nach den Eisheiligen (11. bis 15. Mai) ihren Platz draußen einnehmen sollten.

## Töpfe winterfest machen

Starker Frost ist im Winter nicht das größte Problem. Denn vor dem Frost können Sie ihre Pflanzen schützen, indem Sie bewegliche Gefäße in eine geschützte Ecke rücken. Zusätzlich können Sie diese mit Vlies abdecken und in Jutesäcke einpacken.

### Frosttrocknis

Wintergrünen Gewächsen, zu denen auch einige Kräuter wie Thymian, Rosmarin und Salbei sowie die große Palette der Wintersalate gehören, droht vielmehr die Gefahr zu vertrocknen. Ist der Boden gefroren, können die Pflanzen kein Wasser mehr daraus aufnehmen. Die Wintersonne entzieht dem Laub jedoch weiterhin Feuchtigkeit. Hält dieser Zustand länger an, vertrocknen die Pflanzen unweigerlich. Die im Winter vorherrschenden trockenen Ostwinde haben eine ähnliche Wirkung. Sie dörren die Pflanzen aus. Deshalb sollten die Pflanzen über den Winter eher schattig und windgeschützt stehen. Ist dies nicht möglich, sollten Sie diese bei klarem und sonnigem Frostwetter mit Vlies abdecken.

● Die abnehmbare Haube sorgt für Wind- und Wetterschutz.

# Selbstversorger-Balkon – die Praxis

Eine gute Anbau-Planung ist der halbe Weg zum Erfolg. Achten Sie dafür auf den richtigen Zeitpunkt von Aussaat und Ernte. Folgen die einzelnen Kulturen nahtlos aufeinander und erhalten sie die nötigen Nährstoffe, können Sie schließlich üppig ernten.

# Balkongemüse Monat für Monat

In den folgenden Kapiteln werden die wichtigsten Arbeiten genannt, die das Jahr hindurch zu tun sind – Monat für Monat. Um uns anhand der Umgebung orientieren zu können, wurden die Beobachtungen des Phänologischen Kalenders herangezogen. Er gliedert das Jahr nicht in die klassischen Jahreszeiten Frühling, Sommer, Herbst und Winter, sondern legt die Entwicklungsstadien bestimmter Pflanzen zugrunde, die den Fortgang der Jahreszeit besser beschreiben als eine starre Einteilung. Kalendarisch bzw. meteorologisch beginnt der Frühling immer am 1. März und astronomisch mit der Tag- und Nachtgleiche am 20. März. Der **Phänologische Kalender** teilt den Frühling nun in drei Stadien: Mit der Blüte der Schneeglöckchen beginnt der

❊ Unentbehrliche Gedächtnisstütze: das Gartentagebuch

Vorfrühling, die Forsythienblüte zeigt den Erstfrühling an und mit der Blüte der Apfelbäume befinden wir uns dann schon im Vollfrühling. Der Phänologische Kalender macht uns also einerseits aufmerksamer für Naturphänomene. Darüber hinaus gibt er uns klare Hinweise, wie weit die Natur schon in unserer Region und in dem betreffenden Jahr fortgeschritten ist. Die Unterschiede innerhalb Deutschlands können mehrere Wochen betragen, ebenso wie die Abweichungen im Vergleich mehrerer Jahre untereinander. So wird in Hamburg seit 1945 jährlich an der Lombardsbrücke notiert, wann dort die Blüte der Forsythien beginnt. Der Frühblüher-Rekord vom 15. Februar 2002 weicht im Vergleich zur spätesten Blüte vom 25. April 1970 um mehr als 60 Tage ab. Für uns Gärtner sind dies unschätzbare Hinweise. So lassen sich günstige Aussaatzeitpunkte besser abschätzen. Denn das frühe Blühen von Schneeglöckchen und Forsythien deutet auf ein warmes Frühjahr hin. Auch die Gemüsesaat wird dann wohl schneller keimen und kann demnach früher in den Boden kommen.

Die weiteren Phasen des Phänologischen Kalenders heißen Frühsommer, Hochsommer, Spätsommer, Frühherbst, Vollherbst und Spätherbst. Schließlich folgt die Winterliche Ruhezeit. Zu Beginn der Monatskapitel werden die charakteristischen Pflanzen genannt, die den jeweiligen Jahreszeitenwechsel anzeigen. Führen Sie selbst ein **Gartentagebuch,** in das Sie Naturbeobachtungen wie das Erblühen bestimmter Pflanzen in Ihrer Gegend notieren.

In solch ein Tagebuch gehören natürlich auch Aussaattermine und Erntezeitpunkte der Gemüsearten sowie die individuellen Erfahrungen, die Sie damit machen.

## Kohl auf Balkon & Terrasse?

Sie werden sich vielleicht fragen, warum in diesem Buch nur wenige Kohlarten behandelt werden. Wenn man davon ausgeht, dass der Platz auf dem Balkon oder der Terrasse begrenzt und das jeweilige Beet klein ist, so hat man doch den Ehrgeiz, dort das Jahr über viel Grünzeug zu ernten. Das ist nicht möglich, wenn man im Frühjahr beispielsweise einen Rotkohl pflanzen würde, der erst Monate später erntereif ist. Jeder Kopfkohl nimmt viel Raum ein und hat eine lange Entwicklungszeit. Der Raum kann also viel besser für Salate und Kräuter genutzt werden, die sich täglich ernten lassen. So kommen Sie in den Genuss eines Reichtums an Vitaminen, die nur frische Lebensmittel liefern können. Denn ein Salatkopf verliert schon innerhalb weniger Stunden nach der Ernte einen Großteil seiner Vitamine. Viel geht davon auf dem Weg vom Erzeuger zum Kunden verloren – anders als bei Kopfkohlarten, die als typisches Lagergemüse lange Transportwege und Lagerzeiten unbeschadet überstehen können.

## Die Pflanzkästen

Bevor Sie mit dem Anbau von Gemüse und Kräutern beginnen, empfiehlt es sich, einen Plan davon zu machen, was Sie das Jahr über kultivieren möchten. Da dies für Anfänger nicht so einfach ist, finden Sie in den folgenden Monatskapiteln neben den allgemeinen Hinweisen auch drei verschiedene Anbaupläne mit konkreten Pflanzideen. Daraus lässt sich leicht ein Jahresplan für den eigenen Anbau erstellen, zumal für diese Pläne ganz unterschiedliche Gefäße zugrunde gelegt werden. Das heißt nicht, dass Sie diese Gefäße alle besitzen und nutzen müssen. Es soll Ihnen vielmehr zeigen, wie Anbaupläne für Töpfe, Pflanztaschen oder Minihochbeete entwickelt werden können. Ihre Aufgabe besteht darin, die vorgestellten Beispiele auf Ihre Verhältnisse und Gefäße zu übertragen.

Ebenso sind diese Pflanzideen frei miteinander kombinierbar. Heißt eine Variante auch »Salat rund ums Jahr«, so können Sie auch nur in einem Teil Ihrer Gefäße Salate aussäen und damit den Vorschlägen dieser Variante folgen. In anderen Gefäßen können Sie jedoch die Vorschläge aus dem Anbauplan »Eine bunte Gemüsepalette« oder dem Anbauplan »Kräuter und Blüten zum Würzen und Dekorieren« umsetzen. Wie solch ein Anbauplan aussehen könnte, sehen Sie etwas weiter unten.

Zunächst sollen die einzelnen Gefäße vorgestellt werden. Es gibt drei verschiedene Typen, die zur besseren Unterscheidung im Folgenden als Varianten bezeichnet werden.

### Variante Weidenbox

Die Weidenbox mit den Maßen 100 cm × 40 cm × 40 cm besteht aus einem geflochtenen Weidenrahmen, in dem sich eine Beet-Tasche aus Polypropylen-Gewebe befindet. Diese Tasche ist in zwei gleich große Fächer unterteilt. Jedes Fach wird zu einem eigenen Beet. Wenn es also heißt Weidenbox 1 bzw.

Weidenbox 2, so sind damit die einzelnen Fächer gemeint, die wie kleine Beete bewirtschaftet werden können. Die Weidenbox ist mit einem Minihochbeet vergleichbar. Allerdings wird sie nicht mit organischen Abfällen, sondern mit handelsüblicher Blumenerde gefüllt. Davon sind etwa 140 Liter nötig.

## Variante Gemüse-Tasche

Dazu benötigen Sie drei Gemüsebeet-Taschen aus Polyethylen. Diese flexiblen Gefäße lassen sich gut handhaben. Griffe erleichtern das Umstellen. Werden Sie nicht mehr gebraucht, faltet man sie zusammen. Diese Taschen haben unterschiedliche Maße, so lassen sie sich unterschiedlich einsetzen. Eine Höhe von 45 cm eignet sich gut für den Anbau von Kartoffeln, Tomaten und Zucchini. Die Höhe von 30 cm passt gut für Möhren, in der flachen Tasche

wachsen Salate besser. Plant man den Anbau für ein ganzes Jahr, sind Aspekte der Fruchtfolge wichtiger als das Fassungsvermögen. Jede Tasche wird im Folgenden als Beet bezeichnet. Hier sind die Maße im Einzelnen:

- Beet 1: 45 cm hoch und 35 cm im Durchmesser mit einem Fassungsvermögen von 40 Litern.
- Beet 2: 30 cm hoch und 40 cm im Durchmesser mit einem Fassungsvermögen von 35 Litern
- Beet 3: 25 cm hoch und 45 cm im Durchmesser mit einem Fassungsvermögen von 38 Liter.

## Variante Topf

Fünf Blumentöpfe aus Ton oder Kunststooff. Wir gehen davon aus, dass viele Balkongärtner

❋ Weidenboxen werden wie kleine Hochbeete bepflanzt.

❋ Gemüsetaschen sind leicht und flexibel.

Ein Anbauplan für ein Jahr könnte, bezogen auf einen Teil der oben genannten Gefäße folgendermaßen aussehen:

| Gefäßvariante | März | Mai | Juli | September |
|---|---|---|---|---|
| Weidenbox 1 | Radieschen | Tomaten | – | Winterpostelein |
| Weidenbox 2 | Frühmöhre | – | Escariol-Endivie | Feldsalat |
| Gemüsetasche 2 | Mairübchen | Zucchini | – | Salat-Rauke |
| Gemüsetasche 3 | Pflücksalat 'Till' | Frisèe-Endivie | Mangold | Asia-Salate |
| Topf 1 | Petersilie | – | – | – |
| Topf 2 | Salat-Rauke | Romana-Salat | Zuckerhut | – |
| Topf 3 | Ringelblumen | – | – | Winterkresse |

bislang Blumentöpfe bevorzugt haben und daher gut damit versorgt sind. Auch in diesen gedeihen Gemüse- und Kräuterpflanzen prächtig. Je größer die Töpfe sind, desto einfacher haben es allerdings die Pflanzen, da diese mehr Wasser und Nährstoffe bevorraten können. Daher kommen hier auch relativ große Töpfe zur Anwendung. Sie sind 30 cm hoch, haben einen Durchmesser von 33 cm und ein Fassungsvermögen von jeweils 25 Litern. Auch jeder Topf wird jeweils als Beet bezeichnet. Wir haben es in dieser Variante also mit fünf Beeten zu tun, die jeweils aus einem Topf bestehen.

Die Gefäße der jeweiligen Variante werden zunächst mit Blumenerde gefüllt. Anschließend wird diese mit den Händen und Fäusten gut verdichtet. Dann kann mit der Aussaat begonnen werden. Diese beginnt im Monat März. Mehr dazu ab Seite 68.

Wenn Sie sich zu Beginn des Jahres solch einen Anbauplan wie in der Tabelle oben für Ihre Gefäße gemacht haben, wissen Sie genau, welche Kulturen Sie unterbringen können und welches Saatgut Sie dafür einkaufen müssen. Wie lange eine Kultur von der Aussaat bis zur Ernte braucht, können Sie in etwa dem Aussaatplan am Ende des Buches entnehmen.

✽ Töpfe gibt es in vielen Farben, Formen und Größen.

RAUKE

# Frühling

Sobald die erste Rauke geschnitten und das erste Radieschen aus dem Boden gezogen ist, beginnt die Zeit gespannter Neugier: Was wird wohl als nächstes reif sein? Täglich kommen von nun an frische Salate, Kräuter oder Beeren auf den Tisch.

# Februar

Im Februar könnte man wieder mit neuen Aussaaten beginnen. Einige Kräuter- und Gemüsearten dürfen schon in die Erde. Doch ist es
sinnvoll, dies schon zu tun? Es ist eher eine Fra-
ge der Lust und Laune als eine der Notwendig-
keit. Wer möchte schon draußen herumwer-
keln, wenn es noch frostig, feucht und grau ist.
An sonnigen Tagen könnte man hingegen
schon Töpfe säubern, Erde lockern und diese
mit frischem Dünger versehen. Ein Blick in die
Natur gibt Ihnen einen Eindruck, wie weit der
Vorfrühling schon vorangeschritten ist. Blühen
schon Haselnuss, Schneeglöckchen und Kro-
kusse? Sehen Sie! Dann kann man doch selbst
auch schon das Ende der Winterruhe einläuten.

## Monatsübersicht auf einen Blick

Wer jetzt schon mit einigen gärtnerischen Arbeiten beginnt, entzerrt den Arbeitsaufwand, der
im Frühjahr geballt anfällt (siehe hierzu auch
Kap. »Aussaat oder Jungpflanzen«). Alle im Folgenden genannten Aufgaben können jedoch
auch in der ersten Märzhälfte erledigt werden.

- Bei hellem Standort und direkter Sonneneinstrahlung können Sie Vlies über Winterpostelein, Winterkresse und Feldsalat decken.
  Es erhöht die Temperatur und fördert das
  Wachstum der Pflanzen. Bei trübem Wetter

✸ In Vlies verpackt sind die ersten Aussaaten vor Nachtfrost geschützt.

sollte das Vlies von den Pflanzen genommen werden, da diese sonst zu wenig Licht bekommen.

- Die leeren Töpfe und Gefäße vom Vorjahr säubern. Waschen Sie sie mit heißem Wasser aus und bürsten Sie Schmutz weg, denn an verbliebenen Pflanzenresten könnten sich Krankheitskeime befinden. Soll in Töpfe ausgesät werden, können diese schon mit frischer Erde gefüllt werden.
- Falls in den Pflanzgefäßen, Pflanztaschen, großen Töpfen und Pflanzsäcken keine Pflanzen mehr wachsen, wird dort die Erde gelockert und mit frischem Dünger versehen. Sie müssen die großen Gefäße nicht jedes Jahr neu mit Blumenerde füllen. Doch die Nährstoffreserven aus dem Vorjahr sind weitestgehend aufgebraucht und müssen

✱ Töpfe nach Gebrauch gut reinigen.

---

### TIPP

## Düngermenge richtig bemessen

Gewöhnlich richtet sich die Düngermenge nach der Gemüseart und ihren Nährstoffansprüchen. Es werden drei Gruppen unterschieden: schwach, mittel, stark (s. Kap.: Richtig düngen S. 36). Wir vereinfachen hier einmal die Bemessungsgrundlage und richten uns nach den Nährstoffbedürfnissen für Mittelzehrer. Sie benötigen mindestens 3,5 g Stickstoff (N) pro 10 l Topferde. Ein typischer organischer Dünger (z. B. Cuxin Gemüsedünger) enthält 7 % N. Das heißt in 100 g Dünger sind 7 g N enthalten. So brauchen wir 50 g Dünger pro 10 l Erde. Die Weidenbox, zum Beispiel, hat ein Volumen von 140 l. Daher messen wir 700 g Dünger ab und vermischen diesen mit der Erde in der Box. Auf die obersten Zentimeter kommt schließlich noch eine Schicht mit frischer Aussaaterde. Nun könnten dort z. B. die ersten Salate ausgesät werden.

---

ersetzt werden. Mischen Sie daher einen organischen Gemüsedünger in die Erde, wenn Sie diese mit den Händen oder einem Handgrubber tiefgründig durcharbeiten. Anschließend muss die Erde von Hand wieder fest verdichtet werden. Füllen Sie zudem frische Erde nach Bedarf auf.

- Mehrjährige Kräuter wie Thymian, Lavendel, Salbei und Rosmarin müssen nun vom

Winterschutz befreit und ans Licht geräumt werden. Anschließend werden die Pflanzen um etwa ein Drittel gestutzt und dann gedüngt. So bilden sie wieder frische zarte Triebe.

- Pflanzen gießen, vor allem jene, die frisch ausgesät wurden. Auch die immergrünen Kräuter und das Beerenobst brauchen regelmäßig Wasser.
- Beerenobststräucher wie Johannisbeeren und Stachelbeeren etwas auslichten und mit einem organischen Beerenobstdünger versorgen.
- Das Ziel des Auslichtens besteht darin, die Sträucher luftiger zu machen. Dazu werden schwache und quer wachsende Triebe entfernt. Abschließend sollen noch fünf bis sieben starke Triebe bleiben.

## Jetzt aussäen

### Vorkultur im Haus/ auf der Fensterbank

Tomaten, Paprika, Chili und Auberginen dürfen schon ab Mitte Februar ausgesät und an ein warmes Fenster (mind. 20 °C) gestellt werden. Doch der Balkongärtner hat i. d. R. nur wenig Platz zur Verfügung. Daher sollte man zumindest mit den Tomaten und Auberginen noch vier Wochen warten. Anderenfalls sind die Pflanzen schon im April so weit herangewachsen, dass sie nach draußen gestellt werden müssten, damit sie sich gut weiterentwickeln. Doch im Freien drohen ihnen noch frostige Temperaturen. Daher nutzt man den raren Platz auf der Fensterbank am besten für Gewächse, die nach der Keimung ab Mitte März als junge

❋ Warten auf den Frühling: Vorgezogene Jungpflanzen auf der Fensterbank.

TIPP

## Tee von frischen Kräutern

Nutzen Sie bei Erkältungen und Unwohl-
sein die **Heilkräuter,** die bei Ihnen auf
dem Balkon wachsen. Dazu einige
Zweige abschneiden und mit kochen-
dem Wasser überbrühen.

Die keimtötenden und krampflösenden
ätherischen Öle von **Thymian** sind das
beste Mittel gegen Husten. Sie beruhi-
gen die Bronchien und lösen den
Schleim. Zugleich wirken sie gegen Bakterien, Viren und Pilze (1 TL Kraut pro
Tasse, fünf Minuten ziehen).

Unzweifelhaft ist die Wirkung von **Salbei**
gegen Halsschmerzen. Dazu mit kaltem
Salbeitee gurgeln (1 EL Kraut pro Tasse,
zehn Minuten ziehen lassen). Wird der
Tee getrunken, sollte das Kraut nur drei
Minuten ziehen. Salbei nicht während
der Schwangschaft einnehmen.

**Rosmarintee** hilft gegen leichten Kopf-
schmerz. Ähnlich wie Kaffee wirkt er
stimulierend. Die ätherischen Öle samt
Kampfer regen den Blutkreislauf an, stärken das Nervensystem und fördern die
Konzentration (2 TL Kraut pro Tasse,
sieben Minuten ziehen lassen).

- Kohlrabi (opt. Keimtemperatur 18–20 °C,
  Keimzeit ca. 7 Tage)
- Petersilie (opt. Keimtemperatur 18–20 °C,
  Keimzeit ca. 14 Tage)
- Schnittlauch (opt. Keimtemperatur 18–20 °C,
  Keimzeit ca. 12 Tage)
- Salate (opt. Keimtemperatur 15–18 °C,
  Keimzeit ca. 7 Tage)
- Paprika (opt. Keimtemperatur 22–25 °C,
  Keimzeit ca. 10 Tage)
- Chili (opt. Keimtemperatur 22–25 °C,
  Keimzeit ca. 10 Tage)

### Direktsaat im Freien
- Dicke Bohnen (bei 12 °C ca.
  14 Tage Keimzeit)
- Spinat (bei 12 °C ca.
  9 Tage Keimzeit)

● Dicke Bohnen können Sie jetzt schon säen.

Pflanze ins Freie dürfen (wie Kohlrabi und Paprika), wo sie dann langsam an die kühlen
Außentemperaturen gewöhnt werden sollten
(siehe S. 52). Paprika und Chili können schon
ausgesät werden, da sie sich relativ langsam
entwickeln.

### Erde vom Vorjahr

Wenn die Erde aus Töpfen vom Vorjahr nicht allzustark durchwurzelt ist, kann sie, mit etwas Dünger aufgepeppt, noch einmal verwendet werden. Es ist also nicht nötig, die Erde jährlich auszutauschen. Nehmen Sie die Erde aus dem Topf und entfernen Sie altes Wurzelgeflecht. Verdichtungen kann man dabei gleich mit den Fingern zerbröseln ud die Erde so auflockern. Eine Portion frische Kokoserde verbessert die Struktur zusätzlich.

## Ernten

- Feldsalat
- Spinat
- Winterpostelein
- Winterkresse
- Zuckerhut
- Asia-Salate
- Immergrüne Kräuter wie Rosmarin, Thymian und Salbei

## Drei Anbaupläne in verschiedenen Gefäßen

Die drei Anbaupläne unterscheiden sich jetzt noch nicht. In den Gefäßen wachsen nun noch zum Teil Herbst- oder Wintersalate aus dem letzten Jahr. Diese müssen von Unkraut freigehalten und hin und wieder gegossen werden. Achten Sie jedoch darauf, dass die Bodenoberfläche nicht dauerhaft feucht ist, sonst besteht die Gefahr, dass die Salate verfaulen. Bei der Ernte darauf achten, dass Winterpostelein etwa drei Zentimeter oberhalb des Bodens geschnitten wird. Er wächst dann immer wieder nach.

Wenn es gelingt beim Feldsalat nur äußere Blätter zu ernten, regeneriert sich die Pflanze aus der Mitte heraus. Gewöhnlich kappt man jedoch die ganze Blattrosette oberhalb der Wurzel und dann bleibt es bei einer Ernte.

Die Blätter aus der Mitte der Winterkresse schmecken am besten. Werden diese nicht so tief geschnitten, wachsen sie nach. Winterkresse gedeiht auch prächtig im Halbschatten.

Stellen Sie Glasglocken über die Petersilie, so treiben die Pflanzen schneller aus. Die Blätter kann man noch bis etwa Ende Mai ernten. Dann fangen die Pflanzen an zu blühen und die Petersilie verliert ihr Aroma.

## Schritt-für-Schritt: Weidenbox füllen und einsäen

① Erde bzw. Pflanzsubstrat in die Box füllen. Nicht alles auf einmal, sondern nach und nach.
② Nach der Hälfte gut andrücken, auch in den Ecken
③ Wenn die Erde aufgefüllt ist, können Sie Saatrillen mit dem Finger ziehen.
④ Die Samen werden aus der Tüte vorsichtig in die Rillen gestreut.
⑤ Vorsichtig mit den Fingern die Rillen verschließen (Ausnahme: Lichtkeimer wie Basilikum).
⑥ Zum Schluss ein Etikett einstecken, damit Sie später wissen, was wo wächst.

# März

Allmählich werden die Tage länger und wärmer. Nach dem Phänologischen Kalender zieht sich der Vorfrühling jedoch noch weit in den März hinein. Erst mit der Blüte der Forsythien, Schlüsselblumen und Buschwindröschen beginnt der Erstfrühling. Dann ist meist schon die zweite Märzhälfte angebrochen. Überstürzen Sie also nichts. Von den Außentemperaturen hängt ab, wie schnell die Samen sich im Boden entwickeln. Daher genießen Sie ruhig die Ernte des letzten Wintersalats, bevor Sie mit der Frühjahrssaat beginnen.

Denken Sie in jedem Fall daran, mit der Vorkultur von Tomaten auf der Fensterbank zu beginnen.

## Monatsübersicht auf einen Blick

Ist der Wintersalat abgeerntet, müssen die Beete auf Balkon und Terrasse für die neuen Aussaaten präpariert werden.

- Die Erde in den Pflanzgefäßen, Pflanztasche, großen Töpfen und Pflanzsäcken lockern und mit Dünger durchmischen. Genaueres dazu, auch wie der Dünger zu bemessen ist, finden Sie im Arbeitsplan Februar.
- Auch die anderen Arbeiten, die schon im Februar genannt wurden, wie der Rückschnitt von Rosmarin, Thymian, Salbei und Lavendel

✺ Wüchsige Kräuter wie Minzen können jetzt geteilt werden.

sowie das Auslichten der Beerensträucher, können jetzt noch getan werden.

- Kartoffeln vorkeimen. Dazu werden einige Kartoffeln in eine kleine Kiste oder in Eierkartons gelegt und ans Licht gestellt.
- Pflanzen gießen, vor allem jene, die frisch ausgesät wurden. Auch die immergrünen Kräuter und das Beerenobst brauchen regelmäßig Wasser.
- Minzen und Zitronenmelisse teilen. Zitronenmelisse und vor allem Minzen wuchern relativ stark. Werden sie im Topf gezogen, haben sie sich dort aufgrund des geringen Raums nach einem Jahr erschöpft. Daher nimmt man die Pflanzen aus dem Topf, zerteilt den Wurzelstock in mindestens zwei Stücke und pflanzt diese in jeweils eigene Töpfe mit frischer Erde.

✸ Kartoffeln bei 15 °C antreiben.

- Von den Erdbeeren trockenes und krankes Laub entfernen und die Pflanzen düngen. Falls schon Kohlrabi, Petersilie, Schnittlauch und Salat im Haus in Saatschalen herangezogen wurden, können diese in Töpfe pikiert und nach draußen gestellt werden. Bei

## TIPP

### Den Platz richtig bemessen

Alle Pflanzen, die Sie jetzt auf der Fensterbank aussäen, werden innerhalb der nächsten Wochen in Töpfe umquartiert. Dann werden sie deutlich mehr Platz beanspruchen. Denken Sie daran, dass Sie nur geringen Pflanzenbedarf haben. Säen Sie daher nur geringe Mengen aus. Pflanzen, die zu lange im Haus stehen und dort nicht ausreichend Licht bekommen, entwickeln lange, unnatürliche Triebe und werden krankheitsanfällig. Achten Sie daher auf gutes Timing: Gemüsearten, die kühle Temperaturen vertragen, sollten möglichst schnell nach draußen gestellt werden. Die wärmebedürftigen Arten sollten bis zum Ende der Eisheiligen (15. Mai) an einem Ort stehen, wo sie sicher sind vor Frösten und sich gut entwickeln können.

Nicht gebrauchtes Saatgut fast aller Gemüsearten können Sie mehrere Jahre aufbewahren. Dazu verschließen Sie die Tüte fest und verstauen diese an einem dunklen, kühlen und vor allem trockenen Ort. (siehe Kap.: Aussaat oder Jungpflanzenanzucht, S. 29).

frostigen Temperaturen deckt man die jungen Pflanzen zunächst noch mit Vlies ab.
Auf die Einkaufsliste gehören: Aussaaterde, Saatgut, Dünger, Pflanzschilder.

## Jetzt aussäen

### Vorkultur im Haus/auf der Fensterbank

- Paprika (opt. Keimtemp. 22–25 °C, Keimzeit ca. 10 Tage)
- Chili (opt. Keimtemp. 22–25 °C, Keimzeit ca. 10 Tage)
- Tomaten (opt. Keimtemp. 22–25 °C, Keimzeit ca. 8 Tage)
- Auberginen (opt. Keimtemp. 22–25 °C, Keimzeit ca. 6 Tage)
- Petersilie (opt. Keimtemp. 18–20 °C, Keimzeit ca. 14 Tage)

- Dill (opt. Keimtemp. 18–20 °C, Keimzeit ca. 8 Tage)
- Basilikum (opt. Keimtemp. 20–25 °C, Keimzeit ca. 14 Tage), Lichtkeimer!
- Majoran (opt. Keimtemp. 20–25 °C, Keimzeit ca. 14 Tage), Lichtkeimer!

### Direktsaat im Freien

Mit der Aussaat im Freiland können Sie bis Mitte März warten. Dann ist es in der Regel schon etwas wärmer und die Keimung geht schneller voran. Denken Sie daran, dass jede Reihe ein Schildchen mit dem Namen des ausgesäten Gemüses bekommen muss.

#### Gemüse
- Schälerbsen (bei 12 °C ca. 9 Tage Keimzeit)
- Möhren (bei 12 °C ca. 16 Tage Keimzeit)

✻ Baby-Leaf-Salate sorgen für Vitaminnachschub auf der Fensterbank.

- Radieschen (bei 12 °C ca. 10 Tage Keim-zeit)
- Spinat (bei 12 °C ca. 9 Tage Keimzeit)
- Lauchzwiebeln (bei 12 °C ca. 21 Tage Keim-zeit)
- Schnittknoblauch (bei 12 °C ca. 21 Tage Keimzeit)
- Dicke Bohnen (bei 12 °C ca. 14 Tage Keim-zeit)
- Mairübchen (bei 12 °C ca. 12 Tage Keim-zeit)
- Kohlrabi (bei 12 °C ca. 10 Tage Keimzeit)

### Salate
- Pflück- und Schnittsalat (bei 12 °C ca. 8 Tage Keimzeit)
- Romana-Salat (bei 12 °C ca. 8 Tage Keim-zeit)
- Endivie (bei 12 °C ca. 9 Tage Keimzeit)

☀ Die ersten Salate werden ab März gepflanzt.

- Rauke (bei 12 °C ca. 7 Tage Keimzeit)
- Asia-Salate (bei 12 °C ca. 10 Tage Keim-zeit)
- Wilde Rauke in extra Töpfe säen
- Speise-Chrysantheme
- Garten-Melde

### Kräuter und Blumen
- Kerbel (bei 15 °C ca. 5 Tage Keimzeit)
- Kresse (bei 20 °C ca. 2 Tage Keimzeit)
- Koriander (bei 18 °C ca. 8 Tage Keimzeit)
- Gewürzfenchel (bei 12 °C ca. 21 Tage Keim-zeit)
- Schnittlauch (bei 12 °C ca. 21 Tage Keimzeit)
- Petersilie (bei 12 °C ca. 25 Tage Keimzeit)
- Oregano
- Majoran
- Kultur-Sauerampfer, Ringelblume

## Einpflanzen
Falls folgende Pflanzen auf der Fensterbank vor-gezogen oder als Jungpflanzen gekauft wurden, werden sie jetzt gepflanzt:
- Kohlrabi
- Petersilie
- Liebstöckel
- Schnittlauch
- Pflück- und Schnittsalate
- Kopfsalate

## Ernten
- Feldsalat
- Winterpostelein
- Winterkresse
- Zuckerhut
- Asia-Salate
- Immergrüne Kräuter wie Rosmarin, Thymian und Salbei

# Drei Anbaupläne in verschiedenen Gefäßen

Für die verschiedenen Gefäßvarianten (siehe S. 18 f.) gibt es hier konkrete Pflanzideen.

## Variante 1

Eine Weidenbox mit den Maßen 100 cm × 40 cm × 40 cm. Darin befindet sich eine Beet-Tasche aus Polypropylen-Gewebe mit zwei gleichgroßen Fächern. Jedes Fach wird als eigenes Beet behandelt. Die Weidenbox hat ein Fassungsvermögen von 140 Litern.

## Variante 2

- Drei Gemüsebeet-Taschen aus Polyethylen:
- Beet 1 (45 cm hoch und 35 cm im Durchmesser, Fassungsvermögen 40 Liter)
- Beet 2 (30 cm hoch und 40 cm im Durchmesser, Fassungsvermögen 35 Liter)
- Beet 3 (25 cm hoch und 45 cm im Durchmesser, Fassungsvermögen 38 Liter).

## Variante 3

Fünf Blumentöpfe. Die einzelnen Gefäße werden mit Erde gefüllt. Diese wird nun mit den Händen gut verdichtet. Anschließend beginnt die Aussaat entsprechend den unterschiedlichen Anbauplänen.

Handelt es sich um frische Erde, reichen die darin enthaltenen Nährstoffe i. d. R. für die erste Kulturphase bis zum Mai aus. Stammt die Erde aus dem Vorjahr, muss sie mit frischen Nährstoffen versorgt werden. Dazu gibt es im Fachhandel spezielle Dünger zum Nachdüngen.

❀ Rauke (Rucola) keimt schnell und kann direkt in die Gemüse-Taschen in Reihen gesät werden.

## In Reihen aussäen

Wir starten mit Rauke. Sie keimt schnell und liefert rasch den ersten eigenen Salat. Säen Sie Rauke, Radieschen, Möhren und die anderen Gemüsearten in Reihen. Das macht es leichter, die angemessenen Abstände einzuhalten. Denken Sie bei der Aussaat daran, dass fast aus jedem Saatkorn eine Pflanze wird. Zwischen den einzelnen Samen muss also so viel Platz bleiben, dass sich jede Pflanze gut entwickeln kann. Das spart zudem Saatgut.

Genaue Hinweise darüber, wie tief und in welchem Abstand gesät werden muss, erhalten Sie am Ende des Buches im Aussaatkalender ab Seite 134.

## Salat rund ums Jahr

### Anbauplan im März

| Variante | Beet | Pflanzen |
|---|---|---|
| Weidenbox | 1 | Salat-Rauke |
| Taschen | 1 | Salat-Rauke |
| Töpfe | 1 + 2 | Salat-Rauke |
| Weidenbox | 2 | Pflücksalat, z. B. die Sorte 'Till' |
| Taschen | 2 + 3 | Pflücksalat, z. B. die Sorte 'Till' + 'Amerikanischer Brauner' |
| Töpfe | 3 + 4 + 5 | Pflücksalat, z. B. die Sorte 'Till' + 'Amerikanischer Brauner'+ 'Cerbiatta' |

**TIPP**

### Wildkräuter sammeln

Samen von der Vogelmiere gelangen problemlos auch in den dritten Stock. Im Frühjahr keimt die kleine Wildpflanze häufig in den Töpfen zwischen Salat und Möhren – und ihr nussig schmeckendes Kraut ist ebenso schmackhaft wie das der Gemüsearten. Zu Beginn des Jahres können Wildpflanzen den Speiseplan ergänzen. Wer die Delikatessen aus der Natur wie junge Brennnesseln und zarten Löwenzahn nutzen möchte, braucht dazu noch nicht einmal einen eigenen Garten oder Balkon. Denn sie sind frei verfügbar. Zum Sammeln in der näheren Umgebung bieten sich Brachflächen an, zum Beispiel Grünstreifen abseits von Straßen, Uferböschungen sowie Ränder von Wiesen und Wäldern, die ökologisch bewirtschaftet werden. Auch in Landschaftsschutzgebieten (nicht in Naturschutzgebieten!) dürfen Pflanzen zum privaten Gebrauch gesammelt werden, allerdings sind auch hier geschützte Pflanzen und deren Samen tabu.

- Alternativ können andere Salate bzw. Sorten gesät werden.
- Wer anstelle der Salat-Rauke lieber die Wilde Rauke aussäen möchte, sollte wissen: Die Wilde Rauke ist eine mehrjährige Art. Sie wird besser nicht in die Beete, sondern in extra Töpfe ausgesät. Sie wächst langsamer als die Salatrauke und bildet ab Juli Blüten, die eben-

falls genießbar sind. Hin und wieder sollten die Pflanzen daumenbreit über dem Boden abgeschnitten und etwas gedüngt werden, dann erhält man frische, würzige Blätter.

## Eine bunte Gemüsepalette

Die Gemüsearten sind als Ergänzung zu den Salaten gedacht. Wer mehr Töpfe zur Verfügung hat, erweitert sein Sortiment also einfach um das Gemüse. Ebenso gut kann das Gemüse auch anstelle einzelner Salate gesät werden, wenn insgesamt nicht so viel Platz zur Verfügung steht. So könnten beispielsweise in den oben aufgeführten Taschen und Töpfen anstelle der Pflücksalate Radieschen und Mairübchen gesät werden.

### Anbauplan im März

| Variante | Beet | Pflanzen |
|---|---|---|
| Weidenbox | 1 | Radieschen oder Mairübchen |
| Taschen | 2 + 3 | Mairübchen + Radieschen |
| Töpfe | 1 + 2 + 3 | Radieschen + Mairübchen + Spinat |
| Weidenbox | 2 | Frühmöhre |
| Taschen | 1 | Frühmöhre |
| Töpfe | 4 + 5 | Frühmöhre + Lauchzwiebeln |

Wenn Sie im Februar schon Kohlrabi vorgezogen haben, können Sie diesen z. B. anstelle der Mairübchen in die Gefäße pflanzen.

## Kräuter und Blüten zum Würzen und Dekorieren

Blumen und Kräuter geben der grünen Kost Farbe und Würze. Zudem duften sie und locken Insekten an. Die hier genannten Vorschläge können wiederum Ergänzungen sein oder einzelne Salate oder Gemüsearten aus den oben genannten Vorschlägen ersetzen.

Einige Blumen und Kräuter bleiben den ganzen Sommer über an Ort und Stelle. Sie belegen das Beet also den gesamten Zeitraum, liefern dafür auch die gesamte Zeit über frische Würze oder Blüten, wie zum Beispiel Petersilie, Schnittlauch und Ringelblumen. Auch Borretsch und Veilchen bzw. Stiefmütterchenblüten sind essbar. Auch die Blüten von Kapuzinerkresse und sind eine ideale Ergänzung von Salaten.

### Anbauplan im März

| Variante | Beet | Pflanzen |
|---|---|---|
| Weidenbox | 1 | 1 Reihe Kerbel + 1 Reihe Ringelblume |
| Taschen | 3 | 1 Reihe Kerbel + 1 Reihe Ringelblume |
| Töpfe | 1 + 2 + 3 | Kerbel + Koriander + Kresse |
| Weidenbox | 2 | 1 Reihe Petersilie + 1 Reihe Koriander |
| Taschen | 1 + 2 | Petersilie + Koriander |
| Töpfe | 4 + 5 | Petersilie + Ringelblume |

● Das Schöne bei Schnittsalaten: Die bunte Mischung an Blattformen und -farben ist schon im Topf eine Zierde.

TIPP

## Torffreie Blumenerde

Beim Abbau von Torf werden Moore und Sümpfe zerstört – wertvolle Biotope, die es zu erhalten gilt. Mittlerweile gibt es Pflanzsubstrate (»Blumenerden«), die ganz ohne Torf auskommen und genauso gut zur Pflanzenkultur geeignet sind. Sie werden aus einer Mischung aus Holz- und/oder Kokosfasern, Rindenhumus, Grüngutkompost und Zuschlagstoffen wie Tonmineralien und Perlite hergestellt. Eine echte Alternative.

❀ Füllen Sie die Erde in großen Gefäßen »auf zwei Mal« ein. Erst die Hälfte, leicht andrücken und dann den Rest.

• Wurde schon Petersilie auf der Fensterbank herangezogen, kann diese auch direkt eingepflanzt werden.Es können zusätzliche Reihen mit Speise-Chrysantheme und Sauerampfer entstehen, wenn zum Beispiel von Petersilie und Ringelblumen in den Gemüsetaschen nur jeweils eine Reihe gesät wird.

## Schritt-für-Schritt: Kleine Samen in Schalen säen

① Füllen Sie die Aussaatschale mit Anzucht- oder Jungpflanzenerde. Diese enthält nicht so viel Dünger wie normale Blumenerde und ist für zarte Keimlinge und Aussaaten besser geeignet. Große Brocken einfach mit den Händen zerbröseln.

② Durch lockeres Aufstoßen der Schale mit der Erde auf der Unterlage setzt sich das Substrat und sackt später beim Angießen nicht mehr so stark zusammen.

③ Die Oberfläche wird mit den Händen oder einem kleinen Brettchen schön glatt gestrichen, damit ein ebenmäßiges Saatbett entsteht.

④ Vorsichtig die Samen auf der Substratoberfläche ausstreuen. Wenn Sie sich unsicher sind, können Sie zuerst mit Sand »üben« – denn die Samen dürfen nicht zu dicht gesät werden.

⑤ Manche Gemüse und Kräuter wie Basilikum brauchen Licht zum Keimen. Alle anderen werden mit einer dünnen Schicht aus Erde abgedeckt. Das geht am einfachsten mit einem Erdsieb, durch das etwas Substrat geklopft wird.

⑥ Zum Schluss ein Etikett einstecken, damit Sie später noch wissen, was bzw. welche Sorte Sie ausgesät haben. Und: Angießen nicht vergessen. Die Schalen werden dann hell und temperiert aufgestellt.

# April

Gewöhnlich sprenkelt im April der Löwenzahn allerorten die Wiesen gelb. Der Phänologische Kalender nennt diese Zeit »Erstfrühling«. Er endet mit der Zeit der Blüte der Kirschbäume. Sprichwörtlich ist die Aprilfrische. Sie bringt zum Ausdruck, dass die Natur nun voller Leben ist und ihre Düfte sich in der noch meist kühlen Luft verbreiten. In den Beeten tut sich jetzt viel und mit Glück können schon der erste eigene Salat und Radieschen geerntet werden.

## Monatsübersicht auf einen Blick

Grüne Sprösslinge schauen jetzt überall aus dem Boden, das Beerenobst belaubt sich frisch und der Gärtner sollte regelmäßig schauen, ob alles gut vorangeht und die Erde feucht genug ist.

- Unkraut zwischen den frisch gesäten Pflanzen entfernen. Am besten nimmt man dafür eine Handhacke oder einen Fugenkratzer, der sich wie eine kleine Hacke verwenden lässt.
- Pflanzen gießen, vor allem jene, die frisch ausgesät wurden. Auch die immergrünen Kräuter und das Beerenobst brauchen regelmäßig Wasser. Achten Sie jedoch darauf, immer nur dann zu gießen, wenn die Erde an der Oberfläche abgetrocknet ist. Um diese Jahreszeit ist die Verdunstung noch gering. Zu viel Wasser im Boden kann die Entwicklung der Pflanzen auch stören.
- Möhren auf etwa 3 cm Abstand vereinzeln. Überzählige Pflanzen werden einfach mit den Fingern herausgezogen.

- Tomatensämlinge müssen in Töpfe pikiert werden, wenn sie 5–8 cm lang sind. Chili, Paprika und Auberginen werden etwa zwei bis drei Wochen nach dem Keimen des Saatguts ebenfalls in Töpfe pikiert.

## Schritt-für-Schritt: Große Samen aussäen

① Erde bzw. Pflanzsubstrat in kleine Töpfe oder – wie hier – Multitopfplatten aus Presspappe füllen. Zwischendurch das Ganze leicht aufstoßen, damit sich die Erde setzt. Alternativ vorsichtig andrücken.

② Die Samen von Tomaten, Paprika, Zucchini, Kürbis, Gurken oder Auberginen, aber auch Bohnen und Erbsen werden einzeln in die Töpfchen gelegt.

③ Ganz leicht (etwa 5–10 mm) mit Erde abdecken, damit die Samenkörner nicht austrocknen.

④ Zum Schluss mit einer Ballbrause vorsichtig angießen und hell und warm auf der Fensterbank aufstellen.

## Jetzt aussäen

### Vorkultur im Haus/auf der Fensterbank

- Gurken (optimale Keimtemperatur 22–25 °C, Keimzeit ca. 14 Tage)
- Kürbis (optimale Keimtemperatur 22–25 °C, Keimzeit ca. 14 Tage)
- Zucchini (optimale Keimtemperatur 22–25 °C, Keimzeit ca. 10 Tage)

## TIPP

## Die erste Ernte

Der erste Erntezeitpunkt hängt vor allem vom Wetter ab. Ist es warm genug, dass sich das Gemüse gut entwickeln kann? Zusätzlich spielen folgende Faktoren eine Rolle: Erhält das Gemüse regelmäßig ausreichend Wasser? Sind genügend Nährstoffe im Boden und wie ist es um die Lichtverhältnisse bestellt? Die hier im Buch genannten Werte der Keim- und Entwicklungszeiten können immer nur Anhaltspunkte sein. Werden Sie daher nicht ungeduldig, wenn der Salat doch noch eine Woche länger braucht, bis zum ersten Mal geschnitten werden kann. Andererseits helfen die Richtwerte auch Fehlerquellen zu erkennen:

- Ist das Saatgut in der angegebenen Zeit noch nicht gekeimt, lag es möglicherweise daran, dass es schon zu alt war (siehe Kapitel: Aussaat oder Jungpflanzen: »So lange bleibt Saatgut keimfähig«, Seite 29)
- Stockt das Wachstum der Salate oder des anderen Gemüses, stehen ihnen vielleicht nicht mehr ausreichend Nährstoffe zur Verfügung. Einen Nährstoffmangel erkennen Sie u. a. daran, dass die Blätter der Pflanzen sehr hellgrün aussehen. Dies ist ein Zeichen von Stickstoffmangel. Abhilfe schaffen Sie, wenn Sie dem Wasser beim Gießen einen schnellwirkenden, organischen Flüssigdünger beifügen.
- Ursache für schlechtes Wachstum kann auch einfach ein kühles, trübes Wetter sein. Den Pflanzen fehlt also genügend Wärme und Licht. Dann hilft nur Geduld – warten Sie einfach ab, bis es wieder milder und sonniger wird.

## Direktsaat im Freien

### Gemüse: Noch immer können gesät werden
- Schälerbsen (bei 12 °C ca. 9 Tage Keimzeit)
- Möhren (bei 12 °C ca. 16 Tage Keimzeit)
- Radieschen (bei 12 °C ca. 10 Tage Keimzeit)
- Spinat (bei 12 °C ca. 9 Tage Keimzeit)
- Lauchzwiebeln (bei 12 °C ca. 21 Tage Keimzeit)
- Schnittknoblauch (bei 12 °C ca. 21 Tage Keimzeit)
- Mairübchen (bei 12 °C ca. 12 Tage Keimzeit)
- Kohlrabi (bei 12 °C ca. 10 Tage Keimzeit)

### Neu hinzukommen
- Zuckererbsen (bei 12 °C ca. 9 Tage Keimzeit)
- Markerbsen (bei 12 °C ca. 9 Tage Keimzeit)
- Mangold (bei 12 °C ca. 10 Tage Keimzeit)
- Rote Bete (bei 12 °C ca. 12 Tage Keimzeit)
- Rettich (bei 12 °C ca. 12 Tage Keimzeit)
- Neuseeländer Spinat

### Salate: Noch immer können gesät werden
- Pflück- und Schnittsalat (bei 12 °C ca. 8 Tage Keimzeit)
- Romana-Salat (bei 12 °C ca. 8 Tage Keimzeit)
- Frisée-Endivie (bei 12 °C ca. 9 Tage Keimzeit)

● Durch satzweisen Anbau versiegt der Erntefluss nie. Die hinteren Kartoffeln sind in wenigen Wochen erntereif, die vorderen wurden später gepflanzt und brauchen noch etwas länger.

- Rauke (bei 12 °C ca. 7 Tage Keimzeit)
- Asia-Salate (bei 12 °C ca. 10 Tage Keimzeit)
- Wilde Rauke (in extra Töpfe säen)
- Speise-Chrysantheme
- Garten-Melde

**Kräuter und Blumen:**
**Noch immer können gesät werden**
- Kerbel (bei 15 °C ca. 5 Tage Keimzeit)
- Kresse (bei 20 °C ca. 2 Tage Keimzeit)
- Koriander (bei 18 °C ca. 8 Tage Keimzeit)
- Gewürzfenchel (bei 15 °C ca. 14 Tage Keimzeit)
- Schnittlauch (bei 12 °C ca. 21 Tage Keimzeit)
- Petersilie (bei 12 °C ca. 25 Tage Keimzeit)
- Oregano und Majoran
- Sauerampfer
- Ringelblume

**Neu hinzukommen**
- Dill (bei 12 °C ca. 14 Tage Keimzeit)
- Kapuzinerkresse
- Borretsch
- Bohnenkraut

## Einpflanzen

Falls Pflanzen auf der Fensterbank vorgezogen oder als Jungpflanzen gekauft wurden:
- Kohlrabi
- Petersilie
- Schnittlauch
- Salate
- Kartoffeln in einen Pflanzsack
- Mehrjährige Kräuter wie Pfefferminze, Zitronenmelisse, Thymian, Rosmarin, Salbei, Berg-Bohnenkraut und Oregano. Am besten vorgezogene Jungpflanzen kaufen.

## Ernten

- Rauke
- Alle anderen Salate
- Radieschen
- Spinat

## Schritt-für Schritt: Pikieren

Kleine Sämlinge, die in Schalen oder Gemeinschaftstöpfen wachsen, müssen pikiert, also vereinzelt werden, bevor sie ins Freie kommen.

① Heben Sie den Keimling vorsichtig mit einem Pikierstab oder Stäbchen aus der Erde.
② Wichtig: Immer an den Keimblättern anfassen, nie am Stängel. Wenn dieser beschädigt wird, geht der Sämling ein. Wird das Keimblatt beschädigt, macht das nichts aus, denn es fällt später sowieso ab.
③ Mit dem spitzen Ende des Pikierstabs wird im Topf ein kleines Loch in die Erde gedrückt und der Keimling hineingepflanzt. Vorsichtig andrücken.
④ Anschließend mit einer Ballbrause angießen und wieder hell und warm auf der Fensterbank aufstellen.

## Drei Anbaupläne in verschiedenen Gefäßen

Wer noch Leerstellen in seinen Gefäßen hat, weil sich bestimmte Arten nicht richtig entwickelt haben oder weil dort bewusst noch Platz gelassen wurde, kann diese noch füllen, entweder durch Aussaaten oder mit vorgezogenen Jungpflanzen.

TIPP

## Lockern und Jäten

Die Erde zwischen den bepflanzten Reihen bei allen Anbauvarianten und Kulturen mit einem Fugenkratzer oder einer kleinen Handharke oder Blumengabel regelmäßig lockern und Unkraut entfernen. Obwohl in der Blumenerde wenig bis keine Unkrautsamen vorhanden sind, siedeln sich durch Wind und Vögel manchmal Wildkräuter an. Regelmäßiges Gießen in Maßen ist wichtig.

## Salat rund ums Jahr

Schneiden Sie die Blätter beim Ernten nicht tiefer als zwei Zentimeter über dem Boden ab oder pflücken Sie nur die äußeren Blätter, sodass das Herz der Pflanzen erhalten bleibt. Dann treiben die Salatpflanzen immer wieder aus und Sie können mehrfach davon ernten.

## Eine bunte Gemüsepalette

Die Möhren auf etwa 3 cm Abstand in der Reihe ausdünnen. Überflüssige Pflanzen einfach mit den Fingern herauszupfen.

## Kräuter und Blüten zum Würzen und Dekorieren

Den Koriander auf etwa 5 cm Abstand in der Reihe ausdünnen. Wenn nötig, muss er mit Vlies gegen Frost geschützt werden.

Vom Kerbel können schon die ersten zarten Blätter gepflückt werden. Nach sechs bis acht Wochen werden die ganzen Pflanzen über dem Boden abgeschnitten. Älteres Kraut und blühende Pflanzen verlieren ihr Aroma.

Bei der Petersilie können bis zu fünf Wochen vergehen, bis sich nach der Aussaat das erste Grün zeigt. Daher wird man mit der Ernte noch warten müssen, es sei denn man hat vorgezogene Pflanzen eingepflanzt.

Die zarten Triebe der Speise-Chrysantheme können schon nach etwa vier Wochen zum ersten Mal geschnitten werden. Die Pflanzen sollen dafür mindestens 10 cm hoch sein.

Beim Sauerampfer werden die jungen, zarten Blätter gepflückt. Schneidet man die ganze Pflanze zurück, sollte das Herz (der Blattschopf in der Mitte) unbeschädigt bleiben.

❀ Zwischen die Salate passen immer noch ein paar Basilikumpflanzen oder andere Kräuter.

Ab Ende April lichten sich die Reihen auf der Fensterbank, da immer mehr Jungpflanzen nach draußen können.

# Mai

Plötzlich geht alles ganz schnell. Es sprießt und grünt. Zum ersten Mal entsteht das Gefühl, die Erzeugnisse der kleinen Beete könnten tatsächlich zur Selbstversorgung beitragen. Die Arbeit hat sich gelohnt! Der phänologische Kalender nennt den Mai Vollfrühling: Apfelbäume, Rosskastanie und Flieder blühen. Die Wälder belauben sich. Am 11. Mai beginnen die Eisheiligen, die fünf Tage später mit der kalten Sophie enden. In diese Zeit kann es nachts nochmals frieren. Daher sollten alle frostempfindlichen Pflanzen erst nach dem 15. Mai nach draußen kommen.

## Monatsübersicht auf einen Blick

- Unkraut zwischen den Pflanzen entfernen. Am besten nimmt man dafür eine Handhacke oder einen Fugenkratzer, der sich ebenfalls wie eine kleine Hacke verwenden lässt. Gerade dort, wo Salat geschnitten oder Gemüse geerntet wurde, ist freier Raum entstanden. Hier kommt man gut zwischen die Pflanzen. Vorsicht: Nicht zu tief »grubbern«, denn die Wurzeln der anderen Pflanzen sollen ja nicht beschädigt werden.
- Pflanzen gießen, vor allem jene, die frisch ausgesät wurden. Auch die immergrünen Kräuter und das Beerenobst brauchen regelmäßig Wasser. Achten Sie jedoch darauf, immer nur dann zu gießen, wenn die Erde an der Oberfläche abgetrocknet ist. Um diese Jahreszeit ist die Verdunstung noch gering. Zu viel Wasser im Boden kann die Entwicklung der Pflanzen auch stören.
- Schneckenkontrolle. Es ist nicht auszuschließen, dass Schneckeneier, zum Beispiel durch Vögel, durch zugekaufte Pflanzen oder die Verwendung von Kompost, in die Beete gelangt sind. Handelt es sich um einzelne Tiere, sammeln Sie diese einfach ab. Vermuten Sie größere Vorkommen, sind andere Maßnahmen angebracht (siehe Kapitel Troubleshooting S. 42 ff.).
- Gegebenenfalls düngen, etwa wenn Pflanzen sich nicht mehr weiterentwickeln und gleichzeitig sehr hellgrüne Blätter zeigen (siehe Kapitel Troubleshooting S. 42 ff.).

❀ Schnittlauch ist eine wertvolle Bienenweide.

● Damit Kartoffeln mehr Knollen ansetzen, werden die Triebe nach und nach angehäufelt.

- Der Schnittlauch aus dem Vorjahr beginnt jetzt zu blühen. Die Blüten können Salate verzieren und mitgegessen werden. Schneidet man sie ab, treibt der Schnittlauch von der Basis neu aus.
- Erbsen brauchen einen Halt aus Reisig oder Schnüren, um sich mit ihren Ranken daran festklammern zu können.
- Die Kartoffeln im Pflanzsack werden mit einer Lage Erde angehäufelt wenn das Kraut etwa 20 cm hoch gewachsen ist. Das Kraut wird dadurch wieder leicht überdeckt.
- Sobald die Paprika ihre erste Blüte bildet, wird der Haupttrieb zusammen mit der ersten Blüte gekappt, damit sich die Pflanzen besser verzweigen.
- Erdbeeren: Auch hier wird die erste Blüte ausgeknipst. Dann verzweigen sich die Pflanzen, bilden Ausläufer und setzen viel mehr Blüten und damit Früchte an.

## Jetzt aussäen

### Vorkultur im Haus/auf der Fensterbank

- Gurken (bei 20 °C ca. 14 Tage Keimzeit)
- Kürbis (bei 20 °C ca. 14 Tage Keimzeit), bis Mitte Mai
- Zucchini (bei 20 °C ca. 10 Tage Keimzeit), bis Mitte Mai
- Stangen- und Feuerbohnen (bei 20 °C ca. 11 Tage Keimzeit), bis Ende Mai

# Direktsaat im Freien

**Gemüse: Noch immer können gesät werden:**
- Schälerbsen (bei 20 °C ca. 5 Tage Keimzeit)
- Möhren (bei 20 °C ca. 9 Tage Keimzeit)
- Radieschen (bei 20 °C ca. 6 Tage Keimzeit)
- Spinat (bei 20 °C ca. 6 Tage Keimzeit)
- Lauchzwiebeln (bei 20 °C ca. 12 Tage Keimzeit)
- Schnittknoblauch (bei 20 °C ca. 12 Tage Keimzeit)
- Mairübchen (bei 20 °C ca. 8 Tage Keimzeit)
- Kohlrabi (bei 20 °C ca. 6 Tage Keimzeit)
- Zuckererbsen (bei 20 °C ca. 5 Tage Keimzeit)

✺ Asia-Salate können schon geerntet werden.

- Markerbsen (bei 20 °C ca. 5 Tage Keimzeit)
- Mangold (bei 20 °C ca. 7 Tage Keimzeit)
- Rote Bete (bei 20 °C ca. 7 Tage Keimzeit)
- Rettich (bei 20 °C ca. 8 Tage Keimzeit)

**Neu hinzukommen**
- Buschbohnen (bei 20 °C ca. 11 Tage Keimzeit)
- Stangenbohnen (bei 20 °C ca. 11 Tage Keimzeit)
- Gurke (bei 20 °C ca. 14 Tage Keimzeit)
- Kürbis (bei 20 °C ca. 14 Tage Keimzeit)
- Zucchini (bei 20 °C ca. 10 Tage Keimzeit)

**Salate: Noch immer können gesät werden**
- Pflück- und Schnittsalat (bei 20 °C ca. 4 Tage Keimzeit)
- Romana-Salat (bei 20 °C ca. 4 Tage Keimzeit)
- Frisée-Endivie (bei 20 °C ca. 5 Tage Keimzeit)
- Rauke (bei 20 °C ca. 4 Tage Keimzeit)
- Speise-Chrysantheme
- Garten-Melde

**Neu hinzukommt**
- Sommerportulak (bei 20 °C ca. 7 Tage)

**Kräuter und Blumen:**
**Noch immer können gesät werden**
- Kerbel (bei 15 °C ca. 5 Tage Keimzeit)
- Kresse (bei 20 °C ca. 2 Tage Keimzeit
- Schnittlauch (bei 20 °C ca. 12 Tage Keimzeit)
- Petersilie (bei 20 °C ca. 12 Tage Keimzeit)
- Dill (bei 20 °C ca. 8 Tage Keimzeit)
- Kultur-Sauerampfer
- Oregano

- Majoran
- Bohnenkraut
- Borretsch
- Kapuzinerkresse
- Ringelblume

**Neu hinzu kommt**
- Basilikum

## Einpflanzen

Die wärmeliebenden Pflanzen, die auf der Fensterbank vorgezogen wurden, können schon zu Beginn des Monats eingepflanzt werden. Sie dürfen jedoch erst nach den Eisheiligen dauerhaft nach draußen. Zuvor stellt man sie zum Abhärten an einen schattigen Ort ins Freie. Sobald Frost droht, müssen sie wieder ins Zimmer. Stellen Sie die Jungpflanzen jedoch nicht zu warm auf, denn dann kann es passieren, dass sie »vergeilen«. Darunter versteht man ein unnatürliches Längenwachstum bei zu wenig Licht und zu viel Wärme.

- Tomaten
- Paprika
- Chili
- Auberginen
- Gurken
- Zucchini
- Kürbis
- Basilikum
- Alle anderen Arten, die als Jungpflanze gekauft oder vorgezogen wurden

## Ernten

- Salate
- Rucola

- Asia-Salate
- Radieschen
- Spinat
- Dicke Bohnen
- Mairübchen und Kohlrabi
- Kresse
- Koriander
- Schnittlauch
- Petersilie
- Sauerampfer
- Dill
- Minze und all die anderen mehrjährigen Kräuter. Immer ganze Zweige schneiden, dann verzweigt sich die Pflanze und treibt von unten wieder neu aus. Schneidet man nur die Spitzen, wächst sie zu kopflastig.

● Zarte Baby-Kohlrabi aus dem Balkonkasten.

## Salat rund ums Jahr

Die Pflanzen werden allesamt entfernt, sobald
sie abgeerntet sind. Die Rauke bildet nun ohnehin Blüten und sollte ersetzt werden. Die Pflück-
salate könnten noch weiter genutzt werden.
Möglicherweise haben sie sich jedoch auch
schon erschöpft.

### Salat richtig ernten

Vor dem Aussäen der nächsten Kultur werden
alle Pflanzen samt Wurzeln herausgezogen.
Dann wird die Erde gelockert, die Oberfläche
geglättet und angedrückt. War die Erde zu
Beginn der Saison gut mit Nährstoffen versorgt,
muss kein neuer Dünger hinzugefügt werden.
Gegebenenfalls kann man später mit einem

❂ Eine Portion Flüssigdünger sorgt für Wachstumsschub.

flüssigen organischen Dünger nachdüngen, falls
die Blätter der Salate auffällig hellgrün werden
und das Wachstum der Pflanzen stockt. Nach
der Aussaat wird die Erde durchdringend gegossen. Verwenden Sie dazu eine Gießkanne
mit feiner Brause. Achten Sie darauf, dass auch
die Randbereiche der Gefäße Feuchtigkeit
abbekommen.

### Anbauplan im Mai

| Variante | Beet | Pflanzen |
|---|---|---|
| Weidenbox | 1 | Romana-Salat |
| Taschen | 1 | Romana-Salat |
| Töpfe | 1 + 2 | Romana-Salat |
| Weidenbox | 2 | Sommerpor-tulak |
| Taschen | 2 + 3 | Sommerpor-tulak + Lauch-zwiebeln |
| Töpfe | 3 + 4 + 5 | Sommer-portulak + Lauchzwiebeln + Sommer-Endivie (Frisée) |

Alternativ können Sie eine Salatmischung
verwenden, z. B. Misticanza oder Mesclun.

## Eine bunte Gemüsepalette

Die letzten Radieschen, Mairübchen und der
verbliebene Spinat werden jetzt geerntet.
Sobald die Beete von den Pflanzenresten
befreit worden sind, sollte die Erde gelockert
und mit Dünger versehen werden. Die Starkzehrer Tomate, Paprika, Zucchini brauchen ent-

● Die Asia-Salate hinten im Topf können schon geschnitten werden, der Schnittsalat vorne braucht noch ein paar Tage.

❋ Kapuzinerkresse (Blätter und Blüten) und Erbsensprossen geben dem Salat eine ganz neue Geschmacksnote.

sprechend mehr Nährstoffe als die Mittelzehrer Radieschen, Mairübchen und Spinat als Grundversorgung bekommen hatten. (siehe Tipp: »Düngermenge richtig bemessen«, S. 63). Der Nährstoffverbrauch innerhalb der ersten zwei Monate fällt nicht gravierend ins Gewicht (s. Kap. Richtig düngen), sodass man nun auf gut die doppelte Düngermenge (7 g Stickstoff pro 10 l Erde) erhöhen kann. Es werden nun also nochmals 3,5 g Stickstoff pro 10 l Erde in die Gefäße gemischt. Das entspricht wiederum 50 g Dünger bei dem schon erwähnten organischen Gemüsedünger Cuxin. Die Menge muss nun noch für das Volumen der Gefäße berechnet werden.

Ist der Dünger eingemischt und die Erde wieder geglättet, werden Tomaten, Paprika und Zucchini eingepflanzt. Wichtig: Drücken Sie die Erde um die Pflanzenwurzeln herum fest an und formen Sie zugleich eine kleine Mulde, in der das Wasser stehen bleibt. Anschließend wird ausgiebig gewässert.

### Anbauplan im Mai

| Variante | Beet | Pflanzen |
|---|---|---|
| Weidenbox | 1 | 1–2 Tomaten, je nach Sorte |
| Taschen | 2 + 3 | Tomate + Zucchini |
| Töpfe | 1 + 2 + 3 | Tomate + Zucchini + Paprika |

Möhren und Lauchzwiebeln müssen bis zur Ernte noch einige Wochen weiterwachsen. Regelmäßiges Gießen ist wichtig.

## Kräuter und Blüten zum Würzen und Dekorieren

Der Kerbel wird abgeerntet. An seine Stelle rückt Basilikum. Davon sind entweder schon junge Pflänzchen herangezogen worden oder das Basilikum wird an Ort und Stelle ausgesät. Zuvor muss die Erde gelockert und dann wieder gut angedrückt sowie eingeebnet werden. Die Ringelblumen bleiben. Nach der Pflanzaktion bzw. der Aussaat gut gießen.

### Auf Kresse folgt Kapuzinerkresse

Die Kresse im Topf (Beet 3) wird durch Kapuzinerkresse ersetzt. Die dicken Samen lassen sich recht einfach in die Erde drücken, wenn diese vorher etwas aufgelockert wurde. Sie können auch mit einem Pikierstab oder Bleistift kleine Löcher (ca. 1 cm tief) bohren und die Samen hineinlegen. Anschließend wieder fest andrücken und glätten. Zum Schluss gut wässern, damit die Samen schnell keimen. Auf den anderen Beeten verändert sich nichts. Hier gilt weiterhin: Erde zwischen den Reihen hin und wieder lockern und das Unkraut entfernen.

### Anbauplan im Mai

| Variante | Beet | Pflanzen |
|---|---|---|
| Weidenbox | 1 | 1 Reihe Basilikum + 1 Reihe Ringelblume |
| Taschen | 3 | 1 Reihe Basilikum + 1 Reihe Ringelblume |
| Töpfe | 1 + 2 + 3 | Basilikum + Koriander + Kapuzinerkresse |

# Sommer

Sonnengereifte Tomaten können jetzt direkt vom Strauch genascht werden – süß und aromatisch wie man sie aus dem Supermarkt kaum kennt. Dazu gibt es Mozzarella, garniert mit einem außergewöhnlichen Basilikum aus eigener Ernte. Auch der Cocktail wird mit frisch geernteter Hemingway-Minze zum Genuss.

# Juni

Endlich ist Sommer! Für den Phänologischen Kalender startet um Anfang Juni herum der Frühsommer. Es blüht der Holunder. Die Erdbeeren werden reif, sofern sie nicht unter Folie verfrüht wurden. Auf dem Balkon können jetzt die ersten Möhren aus dem Boden gezogen und Erbsen ausgepalt werden.

## Monatsübersicht auf einen Blick

- Unkraut zwischen den Pflanzen entfernen. Am besten nimmt man dafür eine Handhacke oder einen Fugenkratzer, der sich ebenfalls wie eine kleine Hacke verwenden lässt.
- Pflanzen gießen, vor allem jene, die frisch ausgesät wurden. Auch die immergrünen Kräuter und das Beerenobst brauchen regelmäßig Wasser. Achten Sie jedoch darauf, immer nur dann zu gießen, wenn die Erde an der Oberfläche abgetrocknet ist. Auch wenn zu dieser Jahreszeit die Verdunstung schon hoch ist, kann zu viel Wasser im Boden die Entwicklung der Pflanzen stören.
- Tomatenpflege 1: Die Tomatenpflanzen so wässern, dass nur die Erde nass wird und

❋ Eine Strohschicht verhindert, dass die Erdbeerfrüchte später mit der Erde in Kontakt kommen und faulen.

nicht das Laub. Deshalb werden die unteren Blätter auch entfernt. Es besteht sonst die Gefahr, dass sie sich mit den Sporen des Kraut- und Braunfäule-Pilzes infizieren. Stellen Sie die Pflanzen so auf, dass sie optimalen Regenschutz genießen, also möglichst nah an der Wand oder unter einem Dach.

- Tomatenpflege 2: Jede Tomatenpflanze braucht einen Stab, der ihr Halt gibt. An ihm wird der Stamm mithilfe von Ringen oder Schnüren fixiert.
- Tomatenpflege 3: Ausgeizen. Die jungen Nebentriebe, die aus den Blattachseln sprießen, müssen ausgebrochen werden. Die Pflanzen sollen nur einen Haupttrieb haben, damit die Früchte gut ausreifen können. Ausnahme sind schwachwüchsige Buschtomaten. Sie wachsen mit mehreren kurzen Trieben und müssen nicht ausgegeizt werden.
- Auch Paprika und Auberginen benötigen Stäbe, an denen ihre Triebe festgebunden werden.
- Erdbeeren und Zucchini: Damit die Früchte nicht faulen, sollten sie keinen Erdkontakt haben. Daher polstert man den Boden mit Stroh oder legt ein Vlies unter die Pflanzen.
- Schnittlauch nach der Blüte etwa zwei Finger breit über dem Boden kappen und mit einem flüssigen, organischen Dünger düngen. Dann treibt er schnell frisch aus.
- Schneckenkontrolle. Es ist nicht auszuschließen, dass Schneckeneier, zum Beispiel durch Vögel, durch zugekaufte Pflanzen oder die Verwendung von Kompost, in die Beete gelangen. Handelt es sich um einzelne Tiere, sammeln Sie diese einfach ab. Vermuten Sie größere Vorkommen, sind andere Maßnahmen angebracht (siehe S. 42).

- Gegebenenfalls Düngen, etwa wenn Pflanzen sich nicht mehr weiterentwickeln und gleichzeitig sehr hellgrüne Blätter zeigen.

## TIPP

### Ernte von Kräutern

Gut trocknen lassen sich Lavendel, Salbei, Thymian, Bergbohnenkraut, Rosmarin, Oregano, Majoran, Zitronenmelisse und Minze. Am besten schneidet man das Kraut samt Stiel in Längen ab, die sich zu kleinen Sträußen bündeln lassen. Kurz vor der Blüte besitzen die meisten Kräuter das intensivste Aroma. Dann sollten sie am Vormittag geerntet werden. Man schüttelt sie kurz aus, um etwaige Insekten loszuwerden. Auf ein Abspülen sollen Sie verzichten, da das Kraut sonst leicht schimmelt.

Die Sträuße werden kopfüber an einen trockenen, luftigen Ort im Schatten aufgehängt. Wer fürchtet das Kräuterbündel könnte einstauben, stülpt einfach eine Papiertüte darüber.

Wenn das Kraut knistert und zwischen den Fingern zerbröselt, wird es in Behälter gefüllt, die vor Licht und Feuchtigkeit schützen. Geeignet sind verschließbare braune Glasgefäße, Dosen und speziell beschichtete Tüten.

Petersilie, Schnittlauch, Basilikum, Dill und Kerbel lassen sich besser einfrieren als trocknen. Möchte man sie trocknen, sollte man ein Dörrgerät oder eine Mikrowelle benutzen.

- Himbeeren: Sommer-Sorten schieben jetzt neue Triebe aus dem Boden. Davon nur die kräftigsten drei bis fünf Triebe (je nach Topfgröße) stehen lassen. Alle anderen jungen Triebe werden gekappt.

## Jetzt aussäen

### Direktsaat im Freien

**Gemüse: Noch immer können gesät werden**
- Schälerbsen (bei 20 °C ca. 5 Tage Keimzeit), bis Mitte Juni
- Zuckererbsen (bei 20 °C ca. 5 Tage Keimzeit), bis Mitte Juni
- Markerbsen (bei 20 °C ca. 5 Tage Keimzeit), bis Mitte Juni
- Buschbohnen (bei 20 °C ca. 11 Tage Keimzeit)
- Stangenbohnen (bei 20 °C ca. 11 Tage Keimzeit)
- Gurken (bei 20 °C ca. 14 Tage Keimzeit), bis Mitte Juni
- Möhren (bei 20 °C ca. 9 Tage Keimzeit)
- Radieschen (bei 20 °C ca. 6 Tage Keimzeit), Sommersorten wie 'Sora'
- Spinat (bei 20 °C ca. 6 Tage Keimzeit)
- Lauchzwiebeln (bei 20 °C ca. 12 Tage Keimzeit)
- Schnittknoblauch (bei 20 °C ca. 12 Tage Keimzeit)
- Mairübchen (bei 20 °C ca. 8 Tage Keimzeit)
- Kohlrabi (bei 20 °C ca. 6 Tage Keimzeit)
- Mangold (bei 20 °C ca. 7 Tage Keimzeit), bis Mitte Juni
- Rote Bete (bei 20 °C ca. 7 Tage Keimzeit)
- Rettich (bei 20 °C ca. 8 Tage Keimzeit)

✹ Zuckererbsen keimen bei den warmen Frühsommertemperaturen innerhalb weniger Tage.

**Salate: Noch immer können gesät werden**

- Pflück- und Schnittsalat (bei 20 °C ca. 4 Tage Keimzeit)
- Romana-Salat (bei 20 °C ca. 4 Tage Keimzeit)
- Frisée-Endivie (bei 20 °C ca. 5 Tage Keimzeit), bis Mitte Juni
- Rauke (bei 20 °C ca. 4 Tage Keimzeit)
- Sommerportulak (bei 20 °C ca. 7 Tage)
- Speise-Chrysantheme
- Garten-Melde

**Neu kommen hinzu**

- Escariol- Endivie und Radicchio (bei 20 °C ca. 5 Tage Keimzeit)
- Zuckerhut (bei 20 °C ca. 5 Tage Keimzeit)

**Kräuter und Blumen:**
**Noch immer können gesät werden**

- Kerbel (bei 15 °C ca. 5 Tage Keimzeit)
- Kresse (bei 20 °C ca. 2 Tage Keimzeit)
- Schnittlauch (bei 20 °C ca. 12 Tage Keimzeit)
- Petersilie (bei 20 °C ca. 12 Tage Keimzeit)
- Dill (bei 20 °C ca. 8 Tage Keimzeit)
- Kultur-Sauerampfer
- Oregano
- Bohnenkraut
- Borretsch
- Ringelblume
- Basilikum, bis Anfang Juni

## Ernten

- Salate
- Radieschen
- Rettich

- Spinat
- Kohlrabi
- Mairübchen
- Möhren
- Dicke Bohnen
- Lauchzwiebeln
- Erbsen, wenn die Pflanzen gerodet werden, schneiden Sie nur die Stängel über dem Boden ab. Denn an den Wurzeln sitzen gewöhnlich Knöllchen, in denen Stickstoff gespeichert ist.
- Mangold, wenn Sie nur die äußeren Stiele pflücken, können Sie die Erntezeit verlängern.
- Zucchini, schon die ersten jungen Früchte ernten, dann bilden sich schnell neue.
- Kresse
- Koriander
- Schnittlauch
- Petersilie

● Babymangold ist eine echte Delikatesse.

- Sauerampfer
- Blüten von Kapuzinerkresse und Ringels-
  blumen für den Salat pflücken.
- Dill
- Thymian, Salbei und Minze vor der Blüte
  ernten. Dann ist der Wirkstoffgehalt in den
  Blättern am höchsten.
- Erdbeeren, frühe Sorten von Himbeeren,
  Johannisbeeren und Stachelbeeren

## Salat rund ums Jahr

Schneiden Sie die Blätter von Romana-Salat
und Endivie beim Ernten nicht tiefer als zwei
Zentimeter über dem Boden ab oder pflücken
Sie nur die äußeren Blätter, sodass das Herz der

Pflanzen erhalten bleibt. Dann treiben die Salatpflanzen immer wieder aus und Sie können
mehrfach davon ernten.

Der Sommerportulak, eine beliebte Salatpflanze
in Frankreich, bildet fleischige Stängel und Blätter. Werden die Stängel gekappt, verzweigen sie
sich oberhalb der Schnittstelle. Der erste Schnitt
ist nach etwa vier Wochen fällig. Weitere Ernten
sind möglich. Blühen die Pflanzen, sind sie
nicht mehr genießbar.

Die Erde zwischen den bepflanzten Reihen mit
einem Fugenkratzer o. Ä. lockern und das
Unkraut entfernen. Regelmäßiges, maßvolles
Gießen ist wichtig.

✳ Bei Tomaten werden die kleinen Seitentriebe in den Blattachseln des Haupttriebs regelmäßig ausgegeizt.

## Eine bunte Gemüsepalette

Tomaten und Paprika brauchen einen Stab als Stütze. Die Tomaten müssen regelmäßig ausgegeizt werden (s. o. unter Arbeitsplan). Am besten entfernt man alle Blätter in Bodennähe, damit diese beim Gießen nicht nass werden. Die erste Blüte der Paprika wird ausgebrochen, damit die Pflanze sich gut verzweigt.

In den anderen Beeten werden nun die Frühmöhren und Lauchzwiebeln komplett geerntet. Anschließend wird die Erde gelockert, mit Dünger versehen, wieder verdichtet und oberflächlich geglättet. Möhren und Zwiebeln haben dem Boden zusammen etwa 4 g Stickstoff entzogen, bei einer Ernte von rund 1 kg Möhren und 0,5 kg Zwiebeln (siehe Kapitel »Richtig düngen«). Bei Mangold und Rote Bete, die nun gesät werden sollen, handelt es sich wiederum um Mittelzehrer, also müssen nur die 4 g Stickstoff ersetzt werden. Bei einem organischen Dünger mit 7 % Stickstoff (N) entspricht das einer Düngermenge von knapp 60 g (400 : 7 = 57,14). Diese wird abgewogen und in die Erde der jeweiligen Gefäße gemischt.

### Nährstoffentzug

Der Nährstoffentzug orientiert sich an der Erntemenge. Diese ist im Beet der Weidenbox größer als im Blumentopf oder selbst in beiden Töpfen zusammen. So sollten Sie die Düngermenge etwas an die Gefäßgröße anpassen. Am besten wäre natürlich, Sie hätten tatsächlich das Gewicht der Erntemenge ermittelt. Nach der Aussaat wird die Erde durchdringend gegossen. Verwenden Sie dazu eine Gießkanne

| Anbauplan im Juni | | |
| --- | --- | --- |
| **Variante** | **Beet** | **Pflanzen** |
| Weidenbox | 2 | Mangold oder Rote Bete |
| Taschen | 1 | Mangold oder Rote Bete |
| Töpfe | 4 + 5 | Mangold + Rote Bete |

mit feiner Brause. Achten Sie darauf, dass auch die Randbereiche der Gefäße nass werden.

## Kräuter und Blüten zum Würzen und Dekorieren

Die Beete mit Kräutern und Blumen bleiben zunächst unverändert. Ab Ende Juni beginnt die Blüte des Korianders. Dann wird kein Kraut mehr von den Pflanzen geschnitten. Wird im Laufe des Sommers ein Beet frei, weil z. B. das Basilikum abgeerntet oder die Ringelblumen verblüht sind, kann dort etwas Neues eingesät oder gepflanzt werden. Die Auswahl ist groß (siehe »Jetzt aussäen« S. 98). Anstelle von Kräutern und Blumen können in diese Leerstellen auch schon die ersten Salate kommen, die bis weit in den Herbst oder sogar bis zum nächsten Frühjahr genutzt werden können, wie die Escariol-Endivie, Radicchio oder Zuckerhut. Oder wie wäre es nochmal mit der schnellwachsenden Rauke? Die gibt es auch mit roten Blättern.

Weiterhin wird die Erde zwischen den Reihen gelockert, das Unkraut entfernt sowie regelmäßig in Maßen gegossen.

# Extra: Tomaten

Weltweit gibt es rund 10 000 verschiedene Tomatensorten. Im Handel finden sich jedoch nur solche, die gut zu transportieren und zu lagern sind. Deren Geschmack lässt häufig zu wünschen übrig. Wer daher den Reichtum der Aromen von zitronensauer bis zuckersüß genießen möchte, sollte Tomatenpflanzen selbst heranziehen und Früchte reif vom Strauch pflücken.

## Gesundheitlicher Wert

Zucker, Fruchtsäuren, Mineralstoffe, u. a. Selen, Vitamine (A, $B_1$, $B_6$, C, E), Carotinoide, Flavonoide, Phenolsäuren und Ballaststoffe. Erst in den letzten Jahren wurde verstärkt der gesundheitliche Wert erkannt. Tomaten stärken das Immunsystem und beugen Krebserkrankungen vor.

## Anbauen

Von der Aussaat bis zur Pflanzung rechnet man ca. sechs Wochen. Die optimale Keimtemperatur für die Samen beträgt 25 °C. Nach dem Entfalten der Blätter genügen tagsüber 18 °C. Rötlich verfärbtes Laub ist ein Zeichen für zu niedrige Temperaturen. Viel Licht ist nötig, damit sich die Pflanzen kompakt und standfest entwickeln. Daher ist eine Aussaat auf der Fensterbank erst ab Mitte März zu empfehlen. Es wird direkt in kleine Töpfe gesät – oder in Saatkisten. Nach zwei bis drei Wochen müssen die Setzlinge aus den Kisten in Töpfe pikiert, also später nochmals in größere Töpfe umgepflanzt werden. Die Jungpflanzen immer gut feucht halten.

Ab Mitte Mai kommen die Pflanzen schließlich ins Freie. Wichtig ist eine Übergangszeit, in der man sie abhärtet. Tagsüber stellt man sie an einen geschützten Platz in den Schatten, nachts werden sie wieder ins Haus geholt, vor allem dann, wenn nochmals Frost angekündigt ist.

- Die ausgewachsenen Pflanzen sollten etwa einen Meter Abstand voneinander haben.
- Pflanzen in einen großen Kübel mit mindestens zehn Liter Volumen setzen. Dabei möglichst tief pflanzen. Dann werden sie standfest und können sich noch besser mit Nährstoffen versorgen, denn der Trieb bildet im Boden neue Wurzeln.
- Tomaten sind Starkzehrer. Sie brauchen viele Nährstoffe. Im Garten würde man etwa 20 Liter Kompost pro Quadratmeter geben. Dort füllt man diesen direkt ins Pflanzloch. Bei der Kultur im Kübel mischt man der Blumenerde während des Eintopfens eine Handvoll Hornspäne unter. Im Laufe des Sommers versorgt man die Pflanzen zudem regelmäßig mit einem organischen Flüssigdünger. Aber man darf es nicht übertreiben: Bei zu hohen Nährstoffmengen faulen die Blüten und fallen ab.
- Tomaten brauchen eine Schnur oder einen Stab, der ihnen Halt gibt.
- Ausgeizen: Die jungen Nebentriebe, die aus den Blattachseln sprießen, werden herausgebrochen. In der Regel sollen die Pflanzen nur einen Haupttrieb haben, damit die Früchte von allen Seiten viel Sonne bekommen. Buschtomaten müssen allerdings nicht ausgegeizt werden.

● Warme, sonnige Balkone sind ideal für Tomaten.

- Die Kraut- und Fruchtfäule *(Phytophthora)* kann zum Problem werden. Befallen werden Pflanzen mit Früchten, wenn das Laub mindestens vier Stunden am Stück lang nass ist. Blätter und Früchte werden zunächst fleckig und schließlich braun. Pflanzen daher am besten vor Nässe bzw. Regen schützen, z.B. mit einer Überdachung oder mit Plastikhauben.
- Weiterhin: Blätter in Bodennähe entfernen, damit diese nicht nass werden, und die Pflanzen nur von unten in den Topf hineingießen, niemals mit der Brause »über Kopf«.
- Werden die Pflanzen eher trocken gehalten, verbessert sich das Aroma der Früchte. Es darf aber nicht zum Wassermangel kommen.
- Die Samen von Tomaten sind ca. sechs Jahre lang keimfähig.

## Mischkultur

Gute Partner von Tomaten sind Neuseeländer Spinat, Basilikum, Petersilie, Spinat, Radieschen, Rettiche, Pflück- und Zichoriensalate, Pfefferminze, Möhren. Ungünstig sind Hülsenfrüchte wie Bohnen und Erbsen sowie Gurken.

## Ernten

Nach und nach die reifen Früchte pflücken, die mit Ausnahme einiger Sorten (z.B. 'Green Zebra') an der roten Färbung zu erkennen sind.

Sind einige Früchte im Herbst noch nicht ausgereift, schneidet man ganze Rispen ab und hängt diese an einen dunklen, warmen Ort, am besten in die Nähe von Äpfeln. Dort reifen die Tomaten noch etwas nach.

❋ Jungpflanzen brauchen eine Stütze.

❋ Tomaten immer von unten gießen.

# Empfehlenswerte Tomaten-sorten für den Balkon

## Cocktailtomaten

- 'Zuckertraube' – lange Trauben mit roten Früchten
- 'Yellow Submarine' – gelbe birnenförmige Früchte
- 'Black Cherry' – lange Rispen mit dunkelbraunen Früchten)

## Runde Salattomaten

- 'Matina' – frühe, robuste Freilandtomate
- 'Ruthje' – aromatisch, geringe Nährstoffansprüche
- 'Green Zebra' – grün mit gelben Streifen
- 'Auriga' – mittelfrüh, gelborange Früchte

## Fleischtomaten

- 'Ochsenherz' – herz- bis beutelförmige, schwere Früchte
- 'Marmande' – frühreif, flachrund, leicht gerippt
- 'Berner Rose' – leicht rosa Fruchtfarbe, dünne Haut

## Kirschgroße Wildtomaten

Diese Sorten sind besonders robust gegen die Krautfäule, haben genügsame Nährstoffansprüche, werden mehrtriebig gezogen und müssen nur gelegentlich etwas ausgelichtet werden.

- 'Rote Murmel' – rote Buschtomate, gut für Töpfe geeignet
- 'Golden Currant' – gelbe Buschtomate, gut für Töpfe geeignet

● Tomaten und Basilikum – nicht nur auf dem Teller, auch im Balkonkasten eine gute Kombination.

# Juli

Der Juli ist für den Gärtner der Scheitelpunkt des Jahres. Es ist der letzte Monat, in dem noch Frühjahrs- und Sommergemüsearten gesät werden können.

## An den Herbst denken

Besser nutzt man die freien Beete jedoch schon für die Aussaat von Herbst- und Wintergemüse. In der Natur fühlt es sich lange Zeit so an, als würde die Zeit angehalten. Träge Tage. Doch allmählich reift das Getreide, auf den Feldern der Bauern, Johannisbeeren und Stachelbeeren werden abgeerntet und die Linden blühen – Hochsommer, so nennt es der Phänologische Kalender.

## Monatsübersicht auf einen Blick

- Unkraut zwischen den Pflanzen entfernen. Am besten nimmt man dafür eine Handhacke oder einen Fugenkratzer, der sich ebenfalls wie eine kleine Hacke verwenden lässt.
- Pflanzen gießen, vor allem jene, die frisch ausgesät wurden. Auch die immergrünen Kräuter und das Beerenobst brauchen regelmäßig Wasser. Achten Sie jedoch darauf, immer nur dann zu gießen, wenn die Erde an der Oberfläche abgetrocknet ist. Auch wenn zu dieser Jahreszeit die Verdunstung

❀ Nach fünf Blütentrauben ist Schluss: Die Spitze wird gekappt. So reifen alle »Trosse« gut aus.

❀ Mit Blumendraht (Draht mit Papierumwicklung) lassen sich die Triebe gut am Stützstab befestigen.

schon hoch ist, kann zu viel Wasser im Boden die Pflanzen schädigen.

- Tomatenpflege 1: die Tomatenpflanzen wässern. Nur die Erde soll nass werden, nicht das Laub. Die Pflanzen sollen so stehen, dass sie optimalen Regenschutz genießen, also möglichst nah an der Wand oder unter einem Dach.
- Tomatenpflege 2: In dem Maße wie die Tomatenpflanzen größer werden, muss ihr Stamm weiterhin mithilfe von Ringen oder Schnüren an einem Halt bzw. einem Stab fixiert werden.
- Tomatenpflege 3: Ausgeizen. Die jungen Nebentriebe, die aus den Blattachseln sprießen müssen weiterhin ausgebrochen werden. Manchmal sprießen jetzt an der Pflanzenbasis neue Triebe. Auch diese müssen entfernt werden. Die Pflanzen sollen nur einen Haupttrieb haben, damit die Früchte gut ausreifen können. Ausnahme sind schwachwüchsige Buschtomaten. Sie fruchten an mehreren Trieben und müssen daher nicht ausgegeizt werden.
- Tomatenpflege 4: Damit möglichst alle Früchte ausreifen, lässt man Tomatenpflanzen nicht unbegrenzt wachsen. Daher kappt man deren Spitze, den sogenannten »Kopf« sobald sich fünf Blütentrauben gebildet haben.
- Auch die Triebe von Paprika, Chili und Auberginen werden weiterhin an den Stäben festgebunden.
- Schneckenkontrolle. Vor allem zwischen Salatpflanzen nisten sich gerne Schnecken ein. Sammeln Sie diese einfach ab. Vermuten Sie ein größeres Vorkommen, sind andere Maßnahmen angebracht siehe S. 42 ff.).
- Gegebenenfalls Düngen, etwa wenn Pflanzen sich nicht mehr weiterentwickeln und gleichzeitig sehr hellgrüne Blätter zeigen (siehe S. 42 ff.). Vor allem Tomaten, Zucchini, Gurke, Kürbisse und Paprika benötigen jetzt häufig noch zusätzliche Gaben eines organischen Flüssigdüngers.
- Sollen mediterrane Kräuter wie Lavendel, Rosmarin, Thymian, Salbei, Ysop und Bergbohnenkraut vermehrt werden, können jetzt noch Stecklinge geschnitten werden (siehe S. 108/109)

## Jetzt aussäen

### Direktsaat im Freien

Sind noch keine Beete frei, so können Sie Herbst- und Wintergemüse, dass sich nur diesen Monat noch aussäen lässt, wie Pak Choi, Endivien und Zuckerhut, in Aussaatschalen vorziehen und später als Jungpflanze in die Beete setzen.

### Gemüse: Noch immer können gesät werden

- Buschbohnen (bei 20 °C ca. 11 Tage Keimzeit), bis Mitte Juli
- Radieschen (bei 20 °C ca. 6 Tage Keimzeit), Sommersorten wie 'Sora'
- Spinat (bei 20 °C ca. 6 Tage Keimzeit); auf Winter- bzw. Herbstsorten achten.
- Lauchzwiebeln (bei 20 °C ca. 12 Tage Keimzeit), bis Mitte Juli
- Schnittknoblauch (bei 20 °C ca. 12 Tage Keimzeit)
- Mairübchen (bei 20 °C ca. 8 Tage Keimzeit)
- Kohlrabi (bei 20 °C ca. 6 Tage Keimzeit), bis Anfang Juli säen
- Rettich (bei 20 °C ca. 8 Tage Keimzeit)

## Neu kommen hinzu

- Pak Choi (bei 20 °C ca. 6 Tage Keimzeit)
- Chinakohl (bei 20 °C ca. 6 Tage Keimzeit)

## Salate: Noch immer können gesät werden:

- Pflück- und Schnittsalat (bei 20 °C ca.
  4 Tage Keimzeit), bis Ende Juli
- Romana-Salat (bei 20 °C ca. 4 Tage
  Keimzeit), bis Mitte Juli
- Rauke (bei 20 °C ca. 4 Tage Keimzeit)
- Speise-Chrysantheme
- Garten-Melde
- Sommerportulak (bei 20 °C ca. 7 Tage), bis
  Ende Juli
- Escariol-Endivie (bei 20 °C ca. 5 Tage Keim-
  zeit), bis Ende Juli
- Radicchio (bei 20 °C ca. 5 Tage Keimzeit), bis
  Mitte Juli
- Zuckerhut (bei 20 °C ca. 5 Tage Keimzeit),
  bis Mitte Juli

## Neu kommen hinzu

- Asia-Salate wie Mizuna, Tatsoi, Blattsenf
  (bei 20 °C ca. 6 Tage Keimzeit)
- Feldsalat (bei 20 °C ca. 8 Tage Keimzeit), ab
  Mitte Juli
- Winterkresse oder Barbarakraut (bei 20 °C ca.
  6 Tage Keimzeit)
- Winterpostelein, (optimale Keimtemperatur
  12 °C), erst ab Ende Juli

## Kräuter und Blumen:
## Noch immer können gesät werden

- Kerbel (bei 15 °C ca. 5 Tage Keimzeit)
- Kresse (bei 20 °C ca. 2 Tage Keimzeit)
- Schnittlauch (bei 20 °C ca. 12 Tage
  Keimzeit)
- Ringelblume, bis Ende Juli möglich

# Schritt-für Schritt:
# Kräuterstecklinge

Mehrjährige Kräuter, deren Triebe verholzen,
können im Sommer durch Stecklinge vermehrt
werden.

① Schneiden Sie mit einer Schere etwa 10 cm
lange Triebspitzen (hier Lavendel) ab.
② Die untersten Blätter würden in der Erde
faulen, daher streift man sie vorsichtig mit den
Fingern ab.
③ Mit einem Pikierstab oder kleinen Holz wird
in die Aussaaterde im Topf ein kleines Loch
gestoßen, in das der Steckling eingesetzt wird.
④ Damit die Stecklinge schnell neue Wurzeln
bilden, werden sie mit einer Ballbrause angegossen und hell und warm auf der Fensterbank
aufgestellt. Sie sollten in den ersten Tagen eine
durchsichtige Plastiktüte über die Töpfe ziehen,
damit die Luftfeuchtigkeit hoch bleibt.

## Ernten

- Salate
- Radieschen
- Rettich
- Spinat
- Kohlrabi
- Mairübchen
- Möhren
- Rote Bete
- Bohnen, regelmäßig pflücken, die jungen
  Bohnen sind besonders zart.
- Lauchzwiebeln
- Erbsen, wenn die Pflanzen gerodet werden,
  schneiden Sie nur die Stängel über dem
  Boden ab. Denn an den Wurzeln sitzen
  gewöhnlich Knöllchen, in denen Stickstoff

gespeichert ist. Sie bleiben im Beet und dienen den folgenden Kulturen als Stickstoffquelle.

- Mangold, wenn Sie nur die äußeren Stiele pflücken, können Sie die Erntezeit verlängern.
- Zucchini, ernten Sie die jungen Früchte, dann bilden sich schnell Neue.
- Gurken
- Tomaten
- Paprika und Chili
- Kresse
- Schnittlauch und Schnittknoblauch
- Petersilie
- Sauerampfer
- Blüten von Kapuzinerkresse und Ringelblumen für den Salat pflücken

- Dill
- Monats-Erdbeeren, Himbeeren, Johannisbeeren, Blaubeeren und Stachelbeeren
- Zitronenmelissen und Minzen zurückschneiden. Sie sollen keine Blüten ansetzen. Anschließend etwas düngen, dann kann man bald wieder junge Blätter ernten.

## Salat rund ums Jahr

Ende des Monats wird der Romana-Salat abgeerntet und die Wurzelreste werden aus dem Boden gezogen. Anschließend die Erde an der Oberfläche lockern, dann wieder glatt streichen, festklopfen und Rillen für die Aussaat des nächstens Salats ziehen, für den Winterposte-

❋ Statt einzelner Blätter können Sie bei größeren Basilikumpflanzen auch ganze Triebe ernten. So bleibt die Pflanze buschig und sieht nach der Ernte nicht allzu zerzaust aus.

lein, der auch Winterportulak heißt. Damit ist das Saatbeet für einen der besten Wintersalate bereitet. Die aus dem Westen Nordamerikas stammende Art wird wie Feldsalat gegessen. Sie gedeiht sogar noch im Halbschatten, braucht nur 4 °C zum Wachsen und ist genügsam. Daher muss kein neuer Dünger ins Beet eingebracht werden. Nach der Saat das Beet mit einer feinen Brause wässern.

### Anbauplan im Juli

| Variante | Beet | Pflanzen |
|---|---|---|
| Weidenbox | 1 | 1 Reihe Winterpostelein + 1 Reihe Zuckerhut |
| Taschen | 1 | 1 Reihe Winterpostelein + 1 Reihe Zuckerhut |
| Töpfe | 1 + 2 | Winterpostelein + Zuckerhut |

- Alternativ können Sie auch Escariol-Endivie und Radicchio aussäen. Beide Arten sind robuste Herbstsalate.
- Von Sommerportulak, Endivie und Lauchzwiebeln können Sie noch frisches Grün ernten.
- Die Erde zwischen den bepflanzten Reihen muss hin und wieder mit einem Fugenkratzer o. Ä. gelockert und das Unkraut entfernt werden. Regelmäßiges Gießen ist wichtig.

## Eine bunte Gemüsepalette

Tomaten und Paprika müssen weiterhin an ihren Stützen festgebunden werden. Zu den weiteren Arbeiten s. unter Arbeitsplan im Juli.

Die Erde zwischen Mangold und Rote Bete sollte gelockert und von Unkraut frei gehalten werden. Regelmäßige Wassergaben fördert die Entwicklung beider Arten.

## Kräuter und Blüten zum Würzen und Dekorieren

Die Beete mit Kräutern und Blumen bleiben weiterhin unverändert. Es sei denn, es wird ein Beet frei, weil z. B. das Basilikum abgeerntet oder die Ringelblumen verblüht sind. Dann kann dort etwas Neues eingesät oder gepflanzt werden. Die Auswahl ist noch immer groß (s. »Jetzt aussäen«). Anstelle von Kräutern und Blumen können in diese Leerstellen auch schon die ersten Salate kommen, die bis weit in den Herbst oder sogar bis zum nächsten Frühjahr genutzt werden können, wie die Escariol-Endivie, Radicchio oder Zuckerhut. Oder wie wäre es nochmal mit der schnellwachsenden Rauke oder Asia-Salaten?

### Nie vergessen: Lockern und jäten
Weiterhin muss hin und wieder die Erde zwischen den Reihen gelockert, das Unkraut entfernt und maßvoll gegossen werden.

### Noch eine Portion Dünger
Düngen Sie die Kräuter, von denen schon mehrmals geerntet wurde, wie Petersilie und Schnittlauch mit einem flüssigen organischen Dünger. So bekommen Sie noch genug Energienachschub für frische, neue Blätter. Koriander steht jetzt in voller Blüte, und es wird kein Kraut mehr von den Pflanzen geschnitten. Sie können die Blüten stehen lassen, wenn Sie Samen ernten möchten.

# August

Die Tage können zwar noch sehr heiß sein, doch nun beginnt der Spätsommer: Heide und Herbstanemonen blühen und die Früchte der Eberesche färben sich orangerot. Es gibt viel zu ernten und nur noch wenig zu säen. Eines Morgens liegt der Tau schwer auf den Gräsern. »Es hat sich eigentlich gar nichts geändert – und doch alles«, sagte Kurt Tucholsky. Dann »riechst Du den Herbst«.

## Monatsübersicht auf einen Blick

- Unkraut zwischen den Pflanzen entfernen. Am besten nimmt man dafür eine Handhacke oder einen Fugenkratzer, der sich ebenfalls wie eine kleine Hacke verwenden lässt.
- Pflanzen gießen, vor allem jene, die frisch ausgesät bzw. gepflanzt wurden. Auch die immergrünen Kräuter und das Beerenobst brauchen regelmäßig Wasser. Achten Sie jedoch darauf, immer nur dann zu gießen, wenn die Erde an der Oberfläche abgetrocknet ist.
- Tomatenpflege: Falls die Spitze des Haupttriebs noch nicht gekappt wurde, sollte es jetzt getan werden. Die Pflanzen sollen keine neuen Blüten mehr bilden, sondern alle Energie in die Reife vorhandener Früchte stecken. Weiterhin ausgeizen, falls nötig.

☀ Gießen, gießen, gießen heißt die Devise im Hochsommer. Am besten frühmorgens oder am Abend.

- Schneckenkontrolle. Vor allem zwischen Salat-pflanzen nisten sich gerne Schnecken ein. Sammeln Sie diese einfach ab.
- Gegebenenfalls Düngen, etwa wenn Pflanzen sich nicht mehr weiterentwickeln und gleich-zeitig sehr hellgrüne Blätter zeigen (s. Kap. Troubleshooting). Vor allem Tomaten, Zucchi-ni, Gurke, Kürbisse und Paprika benötigen jetzt häufig noch zusätzliche Gaben eines organischen Flüssigdüngers.
- Sollen Lavendel, Rosmarin, Thymian, Salbei und Bergbohnenkraut vermehrt werden, kön-nen jetzt noch Stecklinge geschnitten werden (siehe S. 108/109).

## Jetzt aussäen

### Direktsaat im Freien

**Gemüse: Noch immer können gesät werden**
- Radieschen (bei 20 °C ca. 6 Tage Keim-zeit)
- Spinat (bei 20 °C ca. 6 Tage Keimzeit)
- Schnittknoblauch (bei 20 °C ca. 12 Tage Keimzeit), bis Anfang August
- Rettich (bei 20 °C ca. 8 Tage Keimzeit)

**Salate: Noch immer können gesät werden**
- Rauke (bei 20 °C ca. 4 Tage Keimzeit)
- Asia-Salate wie Mizuna und Blattsenf (bei 20 °C ca. 6 Tage Keimzeit)
- Feldsalat (bei 20 °C ca. 8 Tage Keimzeit)
- Winterkresse (bei 20 °C ca. 6 Tage Keim-zeit)
- Winterpostelein (optimale Keimtemperatur 12 °C)
- Speise-Chrysantheme
- Garten-Melde, bis Anfang August

● Buschbohnen laufend durchpflücken.

**Kräuter und Blumen:**
**Noch immer können gesät werden**
- Kerbel (bei 15 °C ca. 5 Tage Keimzeit)
- Kresse (bei 20 °C ca. 2 Tage Keimzeit)

## Ernten

- Salate
- Radieschen
- Rettich
- Spinat
- Kohlrabi
- Mairübchen
- Möhren
- Rote Bete
- Lauchzwiebeln
- Erbsen, wenn die Pflanzen gerodet werden, schneiden Sie nur die Stängel über dem

Boden ab. Denn an den Wurzeln sitzen gewöhnlich Knöllchen, in denen Stickstoff gespeichert ist.
- Bohnen, regelmäßig pflücken, die jungen Bohnen sind besonders zart. Wenn die Pflanzen gerodet werden, wie bei den Erbsen verfahren. Auch Bohnenwurzeln tragen Knöllchenbakterien.
- Mangold, wenn Sie nur die äußeren Blätter pflücken, können Sie die Erntezeit verlängern.
- Zucchini, ernten Sie die jungen Früchte, dann bilden sich schnell neue.
- Gurken
- Tomaten
- Auberginen
- Paprika und Chili
- Kresse
- Schnittlauch und Schnittknoblauch

✻ Radischen passen überall dazwischen und können schon wenige Wochen nach der Aussaat geerntet werden.

- Petersilie
- Sauerampfer
- Blüten von Kapuzinerkresse und Ringel-
  blumen für den Salat pflücken
- Dill
- Monats-Erdbeeren, Himbeeren, Blaubeeren
  und Brombeeren
- Kartoffeln; geerntet wird, wenn die meisten
  Blätter abgestorben sind.

## Salat rund ums Jahr

Sommerportulak, Sommer-Endivien und Lauch-
zwiebeln werden mit Stumpf und Stiel gerodet.
Die Erde anschließend gut lockern. Soll man
nun noch etwas Dünger untermischen? Die
Entscheidung hängt auch davon ab, ob die
Pflanzen der Vorkultur, also Sommerportulak,

* Dünger immer genau abmessen, viel hilft nicht viel!

### Anbauplan im August

| Variante | Beet | Pflanzen |
| --- | --- | --- |
| Weidenbox | 2 | Feldsalat |
| Taschen | 2 + 3 | Feldsalat + Asia-Salat, z. B. die Sorte 'Mizuna' |
| Töpfe | 3 + 4 + 5 | Feldsalat + Asia-Salat, z. B. die Sorten 'Mizuna' + 'Red Giant' |

Sommer-Endivien und Lauchzwiebeln, sich gut
entwickelt haben. Sind sie noch zusätzlich mit
einem flüssigen organischen Dünger versorgt
worden oder nicht? Selbstverständlich haben
die Kulturen, die zuvor auf den Beeten waren,
dem Boden Nährstoffe entzogen. Der Feldsalat
ist nur ein Schwachzehrer, der mit 1–3 g Stickstoff (N) pro 10 l Erde auskommt. Die Asia-
Salate sind Schwach- bis Mittelzehrer. Sie brauchen also etwas mehr Nährstoffe. Gedüngt
hatten wir ursprünglich 3,5 g (N pro 10 l).
Mischen wir pro 10 l Erde nun 10 g eines organischen Düngers mit 7 % Stickstoff (N) unter,
so fügen wir dem Boden nochmals 0,7 g Stickstoff zu. Das sollte in jedem Fall für die folgenden Kulturen reichen. Anschließend streichen
Sie die Erde wieder glatt, klopfen sie leicht fest
und ziehen Rillen für die Aussaat von Feldsalat
und Asia-Salaten. Abschließend wird die frische
Saat mit einer feinen Brause gegossen.

Zwischen den im Juli gesäten Reihen mit Winterpostelein muss die Erde gelockert und das
Unkraut entfernt werden. Regelmäßiges Gießen
in Maßen ist wichtig.

## Eine bunte Gemüsepalette

Die Pflegearbeiten an Tomaten und Paprika unterscheiden sich nicht von den allgemeinen Arbeiten, die am Anfang des Kapitels »August« beschrieben wurden (siehe S. 112).

### Lockern und Jäten

Die Erde zwischen Mangold und Rote Bete sollte weiterhin gelockert und von Unkraut frei gehalten werden. Regelmäßiges Gießen fördert die Entwicklung beider Arten.

## Kräuter und Blüten zum Würzen und Dekorieren

Falls noch nicht geschehen, können nun Basilikum, Ringelblumen und Kapuzinerkresse entfernt werden. Dann ist Platz für etwas Neues.

### Lücken füllen

Die Leerstellen können nun Salate füllen, die Sie bis weit in den Herbst hinein oder sogar bis zum nächsten Frühjahr mit frischem Grün versorgen. Escariol-Endivie, Radicchio und Zuckerhut kommen jetzt noch als vorgezogene Jungpflanzen in die Erde, für eine Aussaat ist es im Hochsommer zu spät. Entweder haben Sie also Jungpflanzen selbst herangezogen oder Sie erwerben diese einfach beim Gärtner, auf dem Wochenmarkt oder im Gartencenter.

Direkt ausgesät werden können noch Rauke, Asia-Salate, Feldsalat, Winterkresse und Winterpostelein.

Vor einer Pflanzung und Aussaat ist eventuell eine Versorgung mit etwas frischem Dünger

angebracht. Siehe dazu oben unter »Salat rund ums Jahr«, Seite 115.

### Anbauplan im August

| Variante | Beet | Pflanzen |
|---|---|---|
| Weidenbox | 1 | 1 Reihe Zuckerhut + 1 Reihe Escariol |
| Taschen | 3 | 1 Reihe Zuckerhut + 1 Reihe Escariol |
| Töpfe | 1 + 2 + 3 | Zuckerhut + Escariol + Winterkresse |

Weiterhin muss die Erde zwischen den Reihen mit Petersilie, Koriander und Schnittlauch gelockert und das Unkraut entfernt werden. Der Koriander ist verblüht. Jetzt müssen nur die Samen noch ausreifen.

## Schritt-für Schritt: Erdbeerableger

Erdbeeren bilden im Laufe des Sommers lange Ableger an deren Spitzen kleine Tochterpflanzen (Kindel) wachsen.

① Fixieren Sie eine Tochterpflanze mit einer Drahtkrampe in einem kleinen Töpfchen.
② Die Erdbeerpflänzchen werden jetzt einige Wochen wie die »Großen« gepflegt.
③ Regelmäßig gießen, denn in den kleinen Töpfchen trocknet die Erde schneller aus.
④ Wenn die Pflanzen neue Blätter bilden, ist das ein Zeichen, dass sie eingewurzelt sind. Sie werden nun von der Mutterpflanze getrennt.

# Herbst und Winter

Möhren, Rote Bete und späte Herbst-Salate wie Endivie, Zuckerhut und Winterpostelein sorgen in der kalten Jahreszeit für reichlich Vitamine aus eigenem Anbau. Dazu gibt es im Zimmer einen Salatgarten, in dem diverse, knackige Keimsprossen sprießen.

# September

Der Sommer verliert immer mehr an Kraft. Der Phänologische Kalender nennt die Zeit schon Frühherbst. Nun reifen Holunderbeeren, Hagebutten, Haselnüsse, Birnen und Äpfel. Auf den Beeten gibt es weiterhin viel zu ernten. Kann nicht alles frisch verzehrt werden, verarbeiten Sie Rauke und Basilikum einfach zu Pesto und frieren überschüssiges Gemüse ein.

## Monatsübersicht auf einen Blick

- Unkraut zwischen den Pflanzen entfernen. Am besten nimmt man dafür eine Handhacke oder einen Fugenkratzer, der sich ebenfalls wie eine kleine Hacke verwenden lässt.
- Pflanzen gießen, vor allem jene, die frisch ausgesät wurden. Auch die immergrünen Kräuter und das Beerenobst brauchen regelmäßig Wasser. Achten Sie jedoch darauf, immer nur dann zu gießen, wenn die Erde an der Oberfläche abgetrocknet ist.
- Die Samen anderer Gemüsepflanzen, etwa von Gurken, Zucchini, Kürbissen, Paprika und Chili können auf ähnliche Weise gewonnen werden. Entfernen Sie diese aus den Früchten und trocknen Sie sie auf Küchenpapier. Voraussetzung ist wiederum, dass Sie samenfeste Sorten und keine Hybridsorten haben.
- Schneckenkontrolle. Vor allem zwischen Salatpflanzen nisten sich Schnecken ein.
- Endivienblätter eine Woche vor der Ernte zusammenbinden. So bleiben die inneren Blätter hell und schmecken weniger bitter.
- Himbeerruten, die abgeerntet sind, werden über dem Boden abgeschnitten.

## Schritt-für-Schritt: Tomatensamen ernten

Tomaten werden nun abgeerntet und die Pflanzen anschließend gerodet. Handelt es sich um samenfeste Sorten (siehe. S. 33), können Sie ganz einfach eigenes Saatgut ernten.

① Schneiden Sie die Tomaten, aus denen die Samen gewonnen werden, mit einem Messer in der Hälfte durch.
② Die Samenkammern mit den gallertigen Samen werden mit den Fingern in ein Glas mit Wasser gedrückt.
Die Samen bleiben nun ein bis zwei Tage im Wasser, damit sich das gallertige Fruchtfleisch löst. Es kann sein, dass das nicht so appetittlich riecht, macht den Samen aber nichts aus. Länger als zwei Tage sollten die Samen nicht im Wasser bleiben, da sie sonst vorzeitig keimen.
③ Unter fließendem Wasser werden die Samen nun so lange in einem feinen Sieb gespült. bis alle Fruchtreste entfernt sind.
④ Klopfen Sie die Samen aus dem Sieb auf ein Stück Küchenkrepp oder ein Küchenhandtuch, sodass sie trocknen können.

Wenn die Samen getrocknet sind, können sie in Papiertüten trocken und kühl bis zum nächsten Frühjahr aufbewahrt werden. Vergessen Sie nicht, die Samen bzw. die Tüten zu etikettieren, sonst gibt es nächste Saison »Tomatensalat«.

## Jetzt aussäen

### Direktsaat im Freien

**Gemüse: Noch immer können gesät werden:**
- Spinat (bei 12 °C ca. 9 Tage Keimzeit), bis Anfang September

**Salate: Noch immer können gesät werden:**
- Rauke (bei 12 °C ca. 7 Tage Keimzeit), bis Anfang September
- Speise-Chrysantheme, bis Anfang September
- Asia-Salate (bei 12 °C ca. 10 Tage Keimzeit), bis Anfang September
- Feldsalat (bei 12 °C ca. 14 Tage Keimzeit)
- Winterkresse (bei 12 °C ca. 10 Tage Keimzeit), bis Anfang September
- Winterpostelein

❁ Paprika immer mit der Schere abschneiden.

**Kräuter: Noch immer können gesät werden:**
- Kerbel (bei 15 °C ca. 5 Tage Keimzeit), bis Anfang September
- Kresse (bei 20 °C ca. 2 Tage Keimzeit), bis Anfang September

## Ernten

- Salate
- Radieschen
- Rettich
- Spinat
- Kohlrabi
- Mairübchen
- Möhren
- Rote Bete
- Lauchzwiebeln
- Erbsen, wenn die Pflanzen gerodet werden, schneiden Sie nur die Stängel über dem Boden ab. Denn an den Wurzeln sitzen gewöhnlich Knöllchen, in denen Stickstoff gespeichert ist.
- Bohnen, regelmäßig pflücken, die jungen Bohnen sind besonders zart. Wenn die Pflanzen gerodet werden, wie bei den Erbsen verfahren. Auch Bohnenwurzeln tragen Knöllchenbakterien.
- Mangold, wenn Sie nur die äußeren Stiele pflücken, können Sie die Erntezeit verlängern.
- Zucchini, ernten Sie die jungen Früchte, dann bilden sich schnell neue.
- Gurken
- Tomaten, grüne Früchte können Sie im Haus nachreifen lassen.
- Auberginen
- Paprika und Chili
- Kresse
- Schnittlauch und Schnittknoblauch

- Petersilie
- Sauerampfer
- Dill
- Himbeeren (Herbst-Sorten)
- Blaubeeren
- Brombeeren
- Kartoffeln, der beste Zeitpunkt ist gekommen, wenn die Blätter abgestorben sind.

## Salat rund ums Jahr

Die Erde zwischen den Pflanzen-Reihen muss von Unkraut entfernt werden. Maßvoll gießen, sonst faulen die Salatköpfe.

### Winterpostelein ernten

Bei der Ernte ist darauf zu achten, dass Winterpostelein etwa drei Zentimeter oberhalb des Bodens geschnitten wird. Er wächst dann immer wieder nach.

## Eine bunte Gemüsepalette

Ende September wird die Rote Bete geerntet und die Stängel des Mangolds werden oberhalb des Bodens gekappt sowie die Pflanzenreste samt Wurzeln aus dem Boden gezogen. Desgleichen werden die letzten Tomaten, Zucchini und Paprika geerntet. Dann werden die Pflanzen ebenfalls samt Wurzeln aus den Beeten entfernt.

Der Boden wird gelockert, glatt geklopft, und es werden Rillen gezogen, um die letzten Wintersalate auszusäen. Diese brauchen keinen zusätzlichen Dünger. Die Nährstoffe, die noch im Boden sind, sollten ausreichen. Zu viel Dünger macht die Pflanzen anfällig für Frost.

### Anbauplan im September

| Variante | Beet | Pflanzen |
|---|---|---|
| Weidenbox | 1 + 2 | Winterpostelein und Feldsalat |
| Taschen | 1–3 | Winterpostelein und Feldsalat |
| Töpfe | 1–5 | Winterpostelein und Feldsalat |

Nach der Aussaat wird die Erde durchdringend gegossen. Verwenden Sie dazu eine Gießkanne mit feiner Brause. Achten Sie darauf, dass auch die Randbereiche der Gefäße nass werden.

## Kräuter und Blüten zum Würzen und Dekorieren

Koriander: Die Stängel werden geschnitten, bevor die Samen völlig ausgereift sind, da diese leicht ausfallen. Sie werden über Kopf zum Trocknen aufgehängt. An die Stelle des Korianders kommen Herbst- oder Wintersalate. Direkt ausgesät werden noch Rauke, Asia-Salate, Feldsalat, Winterkresse und Winterpostelein.

### Anbauplan im September

| Variante | Beet | Pflanzen |
|---|---|---|
| Weidenbox | 2 | 1 Reihe Petersilie+ 1 Reihe Wintersalat |
| Taschen | 1 + 2 | Petersilie + Wintersalat |
| Töpfe | 4 + 5 | Petersilie + Wintersalat |

# Oktober

Mitten im Herbst angekommen, der Phänologische Kalender nennt es »Vollherbst«, zieht sich das Leben aus der Natur zurück. Krautige Pflanzen wie Stauden und die Blätter der Bäume und Sträucher beginnen zu vergilben und zu verfärben. Die Vitalstoffe werden eingelagert. Schließlich segelt das Laub zu Boden und mit ihm fallen Walnüsse, Kastanien und Eicheln. Säen kann man kaum noch etwas, zu ernten ist allerdings noch eine ganze Menge.

## Monatsübersicht auf einen Blick

- Unkraut zwischen den Pflanzen entfernen.
- Die Pflanzen, die jetzt noch grünes Laub tragen sowie die Obstgehölze brauchen weiterhin Wasser. Achten Sie jedoch darauf, immer nur dann zu gießen, wenn die Erde an der Oberfläche der Töpfe abgetrocknet ist. Durch die kühlen Temperaturen wird weniger Wasser verdunstet und die Wurzeln können bei zu viel Wasser Staunässeschäden erleiden.
- Schneckenkontrolle zwischen den Salatpflanzen.
- Endivienblätter mindestens eine Woche vor der Ernte zusammenbinden. So werden die inneren Blätter gebleicht und schmecken weniger bitter.
- Himbeerruten, die abgeerntet sind, werden über dem Boden abgeschnitten
- Zerteilen Sie den Wurzelballen von Schnittlauch und Minzen in mehrere Stücke und topfen sie diese wieder ein. Diese können Sie später in der Wohnung am Fenster antreiben. Dazu müssen die Pflanzen etwa drei Wochen lang Frost bekommen haben.

## Jetzt aussäen

### Direktsaat im Freien
- Feldsalat (bei 12 °C ca. 14 Tage Keimzeit)
- Winterpostelein (optimale Keimtemperatur 12 °C)
- Winterkresse
- Spinat

● Schnittsalat und Asia-Salate jetzt komplett abschneiden. Sie treiben nicht mehr durch.

## Ernten

- Salate
- Radieschen
- Rettich
- Spinat
- Mairübchen
- Kohlrabi
- Möhren
- Rote Bete
- Lauchzwiebeln
- Mangold, wenn Sie nur die äußeren Stiele pflücken, können Sie die Erntezeit verlängern.
- Kürbis
- Kresse
- Bohnenkraut
- Schnittlauch und Schnittknoblauch
- Petersilie
- Sauerampfer

## Drei Anbaupläne in verschiedenen Gefäßen

Da sich die Anbaupläne jetzt kaum noch unterscheiden – in fast allen Gefäßen wachsen nun Herbst- oder Wintersalate, ist die Arbeit auch mehr oder weniger die gleiche: Die Pflanzen müssen von Unkraut frei gehalten werden. Hin und wieder muss noch gegossen werden, denn die Pflanzen brauchen zum Wachsen Wasser. Achten Sie jedoch darauf, dass die Bodenoberfläche nicht länger feucht ist, sonst besteht Gefahr, dass die Salatpflanzen faulen.

Bei der Ernte ist darauf zu achten, dass Winterpostelein etwa drei Zentimeter über dem Boden geschnitten wird. Er wächst dann immer wieder nach.

Wenn es gelingt beim Feldsalat nur die äußeren Blätter zu ernten, regt das die Pflanze dazu an, aus der Mitte heraus neues Grün zu produzieren. Gewöhnlich kappt man jedoch die ganze Blattrosette oberhalb der Wurzel und dann bleibt es bei einer Ernte. Gefrorene Blätter nicht ernten und am besten gar nicht anfassen. Sie werden sonst matschig.

Die Blätter aus der Mitte der Winterkresse schmecken am besten. Werden diese nicht so tief geschnitten, wachsen sie nach. Winterkresse gedeiht auch prächtig im Halbschatten.

Asia-Salate werden gewöhnlich schon im Baby-Leaf-Stadium (Blattlänge ca. 10 cm) geschnitten. Wird das Pflanzenherz nicht beschädigt, dann sind mehrere Ernten möglich. Lässt man die Sorten wachsen, entwickeln sich große Blattrosetten. Asia-Salate vertragen Frost bis zu -10 °C, sofern sie geschützt stehen.

Winter-Endivien (Escariol), Radicchio und Zuckerhut können wie Schnittsalate angebaut und geerntet werden. Sie überstehen leichten Frost. Bei dauerhaft frostigem Wetter deckt man sie am besten mit Vlies ab. Bilden die Pflanzen Köpfe aus, so schmecken die inneren, bleichen Blätter milder. Die Rosette der Endivie, die gewöhnlich keinen Kopf bildet, bindet man daher auch einige Zeit vor der Ernte zusammen, damit die inneren Blätter ausbleichen.

Von der Petersilie können laufend Blätter geschnitten werden, sofern das Herz der Pflanze geschont wird. Spätestens mit dem ersten Frost macht das Laub schlapp. Im Frühjahr treiben die Pflanzen jedoch erneut aus.

# November

Der Herbst klingt ab, das letzte Blatt fällt zu Boden und zum Ende des Monats beginnt die winterliche Ruhezeit, wie der Phänologische Kalender die Periode vegetativer Inaktivität bis etwa Mitte Februar nennt. Der Gärtner erledigt dann Schnittarbeiten an Sträuchern und Bäumen. Der Selbstversorger kann in dieser Zeit einen vitalen Salatgarten mit eigenen Grün- und Keimprossen innerhalb seiner vier Wände anlegen und betreiben.

## Monatsübersicht auf einen Blick

- Immergrüne Kräuter brauchen Frostschutz. Dafür rückt man diese dicht an die Hauswand und verhindert zugleich, dass kalte Ostwinde die Pflanzen austrocknen. Gegebenenfalls deckt man sie mit Vlies ab.
- Die Pflanzen, die jetzt noch grünes Laub tragen und auch die Obstgehölze, brauchen hin und wieder Wasser. Achten Sie jedoch darauf, immer nur dann zu gießen, wenn die Erde an der Oberfläche abgetrocknet ist. Winter-Endivien (Escariol), Radicchio und Zuckerhut überstehen leichten Frost. Bei dauerhaft frostigem Wetter deckt man sie am besten ebenfalls mit Vlies ab.
- Zerteilen Sie den Wurzelballen von Schnittlauch und Minzen in mehrere Stücke und topfen sie diese wieder ein. Schnittlauch können Sie später in der Wohnung am Fenster antreiben. Dazu müssen die Pflanzen etwa drei Wochen lang Frost abbekommen haben, bevor sie wieder austreiben.

- Mit Wasser gefüllte Gießkannen nur dann draußen stehen lassen, wenn diese vor Frost geschützt sind. Anderenfalls bringt die Eisbildung die Kannen zum Bersten.

## Ernten

- Salate
- Feldsalat
- Mangold
- Spinat
- Petersilienwurzeln
- Möhren, bei Frost etwas abdecken
- Rote Bete, bei Frost etwas abdecken
- Bergbohnenkraut und andere immergrüne Kräuter wie Salbei, Rosmarin und Thymian

## Drei Anbaupläne in verschiedenen Gefäßen

Da sich die Anbaupläne jetzt kaum noch unterscheiden – in fast allen Gefäßen wachsen nun Herbst- oder Wintersalate, ist die Arbeit auch mehr oder weniger die gleiche: Hin und wieder muss noch gegossen werden, denn die Pflanzen brauchen zum Wachsen Wasser. Achten Sie jedoch darauf, dass die Bodenoberfläche nicht längerfristig feucht ist, sonst besteht Gefahr, dass die Salate verfaulen.

Was alles bei der Ernte der Salate zu beachten ist, lesen Sie bitte in der gleichen Rubrik des Vormonats nach. Wichtig: bei Trockenheit gießen, bei längerem Regen kann ein Schutz vor zu viel Nässe sinnvoll sein.

● Öfter mal was Neues? Feldsalat (in der Mitte) gibt es auch mit roten Blättern. Die Sorte heißt 'Ovired'.

# Extra: Salatgarten im Zimmer

Wer glaubt, die Selbstversorgung müsse bis zum Frühjahr weitestgehend ruhen, der kennt die Methode von Peter Burke noch nicht. Der US-Amerikaner hat sich viele Jahre mit der Pflanzenanzucht im Zimmer beschäftigt und daraus ein eigenes Anbauverfahren entwickelt, um so die kalte Jahreszeit mit vitaminreichen, selbst gezogenen Salaten zu überbrücken. Zunächst hatte er alle gängigen Methoden genau unter die Lupe genommen: Den Salatanbau in geheizten Gewächshäusern, das Quellenlassen von Keimsprossen und die Zuhilfenahme von künstlichem Licht zur Anzucht von Babysalaten. Doch alles erschien ihm zu aufwendig. Schließlich verhalfen ihm seine Erfahrungen als Gärtner, der gewohnt war mit Erde und Kompost zu arbeiten, zu einer eigenen, recht simplen Methode, mit der sich innerhalb von einer Woche frische Salate auf den Tisch bringen lassen – ganz ohne Gewächshaus, ohne zusätzliches Licht und ohne tägliches Spülen von keimenden Sprossen.

Vielmehr funktioniert seine Anzuchtmethode in jeder Wohnung. Der Lichteinfall eines Nordfensters reicht dafür sogar völlig aus. Alles was man braucht sind kleine Schälchen, Aussaaterde, etwas Kompost bzw. organischen Dünger, Algenmehl und Saatgut, am besten solches, das gewöhnlich für die Anzucht von Keimsprossen angeboten wird. Anders als im Garten werden die Samen nach der Aussaat nicht angegossen, sondern vor dem Säen in Wasser eingeweicht. Anschließend werden sie auf der Erde verteilt, mit feuchtem Papier abgedeckt und vier Tage

an einen dunklen Ort gestellt. In der Zeit muss man sich um gar nichts weiter kümmern. Kommen die Samen schließlich ans Licht, werden sie gegossen. Dann wachsen sie etwa drei Tage lang weiter und werden schließlich – halb Sprosse, halb Salatpflänzchen – geerntet. Hier nun die Schritte im Einzelnen:

## Das brauchen Sie

- Schälchen: z. B. aus Aluminium, Kunststoff oder Keramik, etwa 5 cm hoch. Sie dürfen eckig und auch rund sein. Für die folgenden Angaben wurden 5 cm hohe, $15 \times 20$ cm große Schälchen zugrunde gelegt. Sie haben eine Fläche von 300 cm$^2$. Stehen Ihnen kleinere oder größere Gefäße zur Verfügung, können Sie die Mengenangaben, vor allem die des Saatgutes entsprechend umrechnen. Hier ein Beispiel: Eine $10 \times 20$ cm große Schale hat eine Grundfläche von 200 cm$^2$. Anstelle von 3 Esslöffel (EL) Samen wird dann nur die Menge von 2 EL benötigt.
- Aussaaterde. Sie eignet sich am besten, weil sie arm an Nährstoffen ist.
- Organischer Volldünger (z. B. Cuxin Gemüsedünger oder Cuxin Orgasan) oder Kompost.
- Algenmehl (z. B. Cuxin Algo-Plasmin). Die darin enthaltenen Mineralstoffe und Spurenelemente nutzen zuerst den Pflanzen und später uns.
- Samen zum Beispiel von Sonnenblumen, Erbsen, Radieschen, Buchweizen und Brokkoli. Auch andere Arten sind möglich wie Rettich, Raps, Kohlrabi und Rotkohl.

● Hübsche Idee: Kresse, roter und grüner Rettich auf einer Etagere gezogen.

Senf, Kresse und Rucola sind ziemlich scharf und daher nur als Salatbeilage geeignet. Denkbar ist es auch, Samen zu mischen und zusammen in einer Schale auszusäen.

- Küchen- oder Zeitungspapier, das etwas größer sein sollte als die Fläche der Schale. Damit werden die Schalen abgedeckt und die Samen darin gleichzeitig verdunkelt.
- Kleine Gießkanne zum Wässern.

## 1. Tag

- Für eine 15 × 20 cm große Schale benötigen Sie 3 EL große Samen (wie Erbsen, Sonnenblumen, Radieschen, Buchweizen) oder 3 (Teelöffel) TL kleine Samen (wie Brokkoli, Kohlrabi, Senf).
- Die Samen in ein Glas mit Wasser geben und 6 bis maximal 24 Stunden lang quellen

lassen. Sie sollten etwa 2 cm mit Wasser bedeckt sein.
- Zwei Liter Aussaaterde in eine Tüte (z.B. Gefrierbeutel) umfüllen und mit einem halben Liter Wasser anfeuchten. Diese Menge reicht für ca. zwei Schalen.

## 2. Tag

- Sind die Samen gequollen, werden sie in ein Sieb gegeben und gründlich durchgespült.
- Einen EL organischen Dünger (oder falls verfügbar 2 EL Kompost) und einen TL Algenmehl auf dem Boden der Schale verteilen
- Füllen Sie die Schale mit ca. 800 ml angefeuchteter Erde, drücken diese leicht an und streichen die Oberfläche glatt. Es sollte etwa noch ein Rand von 1 cm frei bleiben.

✻ Bunter Sprossenmix.mit Basilikum, Brokkoli, Daikon-Rettich; Dill, Kohlrabi, Linsen, Radieschen, Rotklee, Senf, Mungobohnen, Sonnenblumen; Bockshornklee, Weizengras und Zwiebeln.

- Verteilen Sie die Samen gleichmäßig auf der Oberfläche der Erde.
- Weichen Sie das Papier (Zeitungspapier mindestens vierlagig) ein, sodass es durchdringend feucht ist. Legen Sie es dann auf die Samen. Es darf diese berühren, sollte jedoch auch die gesamte Oberfläche der Schale abdecken.
- Nun wird die Schale an einen mind. 18 °C warmen und dunklen Ort gestellt.

## 5. Tag

- Vier Tage lang sind die Samen an diesem warmen und dunklen Ort gekeimt. Am 5. Tag wird das mittlerweile getrocknete Papier entfernt. Sind die jungen Sprösslinge mindestens 2 cm lang, werden sie ans Fenster gestellt.
- Bei dem feinen weißen Geflecht, das anfangs stellenweise zu sehen ist, handelt es sich um feine Wurzelhaare und nicht um Schimmel. Nun werden die Schalen einmal täglich mit ca. 100 ml Wasser gegossen. Achten Sie darauf, dass nur die Erde und nicht die Pflanzen nass werden. Als Faustregel gilt: Die Sprösslinge brauchen Wasser, wenn die Erde oberflächlich trocken ist, und sie haben zu viel davon, wenn die Erde klatschnass ist und sich Wasser abgießen lässt. Dann besteht die Gefahr, dass die jungen Pflanzen absterben. Sind die Sprösslinge noch keine 2 cm lang, legen Sie das Papier wieder auf die Schale und stellen diese noch einen weiteren Tag zurück an den dunklen Ort. Gewöhnlich war es dann nicht warm genug, sodass die Pflanzen etwas länger für das Strecken der Keimsprossen brauchen. Erst dann sollten sie ans Licht, wo sich die Blätter entfalten können.

## 8. Tag

- Nach weiteren drei bis vier Tagen werden die Salatpflänzchen mit einer Schere geerntet.
- Die Samenschalen, die noch an den Keimblättern haften, können einfach ausgewaschen werden, indem Sie die Sprossen in eine Schüssel Wasser legen. Abschließend klein schneiden und als Salat oder als Teil eines Salates servieren. Wann die einzelnen Salate reif für die Ernte sind, richtet sich auch nach der jeweiligen Art. Zur Ernte sollten sich alle Keimblätter voll entfaltet haben. Das kann manchmal auch einen oder mehrere Tage länger dauern. Werden die Sprossen nach der Ernte nicht alle gleich verbraucht, können sie in einer Plastiktüte noch bis zu einer Woche im Kühlschrank aufbewahrt werden.

## Ab dem 9. Tag

- Die durchwurzelten Ballen können getrocknet und wiederverwendet werden. Dazu dreht man sie in der Schale auf die Seite. Sind sie trocken und frei von Schimmelpilzen, können sie zerbröselt und vom Wurzelgeflecht getrennt werden. Dann kann man die Erde wieder in eine Plastiktüte füllen und anfeuchten. Aus hygienischen Gründen sollte man diese Prozedur jedoch nicht häufig wiederholen. Eine weitere Möglichkeit besteht darin, die Wurzelballen zu kompostieren, sofern Sie dazu die Möglichkeit haben.

Wer sich noch ausführlicher mit der Kultur von Zimmersalaten beschäftigen möchte, dem sei das Buch von Peter Burke »Der Salatgarten für Zuhause« empfohlen.

# Dezember/Januar

Während der winterlichen Ruhezeit passiert draußen in der Natur und auch im Garten oder auf dem Balkon kaum etwas. Dafür läuft der Salatgarten im Zimmer jetzt auf Hochtouren. Wöchentlich können frische Aussaaten vorgenommen und junge Pflänzchen geerntet werden. Sie bereichern die sporadischen Ernten der Wintersalate vom Balkon durch reichlich frisches Grün, das zu leckeren Salaten zusammengemischt werden kann.

## Monatsübersicht auf einen Blick

- Immergrüne Kräuter brauchen Frostschutz. Dafür rückt man diese dicht an die Hauswand und verhindert zugleich, dass kalte Ostwinde die Pflanzen austrocknen. Gegebenenfalls deckt man sie mit Vlies ab.
- Die Pflanzen, die jetzt noch grünes Laub tragen und auch die Obstgehölze, brauchen hin und wieder Wasser. Achten Sie jedoch darauf, immer nur dann zu gießen, wenn die Erde an der Oberfläche abgetrocknet ist.
- Schnittlauch und Minzen können im Zimmer am Fenster angetrieben werden, wenn die Pflanzen etwa drei Wochen lang dem Frost ausgesetzt waren.
- Mit Wasser gefüllte Gießkannen nur dann draußen stehen lassen, wenn diese vor Frost geschützt sind. Anderenfalls bringt die Eisbildung die Kannen zum Bersten.
- Im Januar das neue Gartenjahr planen, Saatgutvorräte durchsehen und neue Sämereien bestellen.

## Ernten

- Salate
- Bergbohnenkraut und andere immergrüne Kräuter wie Salbei, Rosmarin und Thymian.

## Drei Anbaupläne in verschiedenen Gefäßen

Da sich die Anbaupläne jetzt kaum noch unterscheiden – in fast allen Gefäßen wachsen nun Herbst- oder Wintersalate, ist die Arbeit auch mehr oder weniger die gleiche: Hin und wieder muss noch gegossen werden, denn die Pflanzen brauchen zum wachsen Wasser. Achten Sie jedoch darauf, dass die Bodenoberfläche nicht längerfristig feucht ist, sonst besteht Gefahr, dass die Salate verfaulen. Was bei der Ernte der Salate zu beachten ist, lesen Sie bitte in der gleichen Rubrik des Monats Oktober nach.

## Salatgarten im Zimmer

Ziehen Sie regelmäßig Sprossen von Erbsen, Radieschen, Sonnenblumen und anderen Gemüsen in Schälchen heran. Die genaue Vorgehensweise finden Sie im Extra des Vormonats. Gewöhnen Sie sich an, alle zwei bis drei Tage frische Aussaaten aufzusetzen. Dann können Sie immer auf frisches, vitaminreiches Grün zurückgreifen. Mit der Zeit entsteht eine eigene Routine und Schälchen, Saatgut, Aussaaterde und Dünger haben ihren festen Platz im Tagesablauf und die einzelnen Griffe gehen schnell von der Hand.

● Gut eingepackt in Laub überstehen mediterrane Topfkräuter den Winter draußen besser.

# Aussaatkalender

| Art | Aussaat/Anzucht | Saattiefe | Reihenabst. | Ernte nach | Bemerkung |
|---|---|---|---|---|---|
| Busch-Bohnen | A. Mai–M. Juli | 3 cm | 40 cm | 10–12 Wo. | D |
| Dicke Bohne | M. Feb.–März | 6–8 cm | 50 cm | 10–12 Wo. | D, mag keine Hitze |
| Schal-Erbse | M. März–M. Juni | mind. 3 cm | 30 cm | 10–12 Wo. | D |
| Zucker-Erbse | April–M. Juni | mind. 3 cm | 30 cm | 10–12 Wo. | D |
| Mark-Erbse | April–M. Juni | mind. 3 cm | 30 cm | 10–12 Wo. | D |
| Salat-Gurke | M. Mai–M. Juni | 2 cm | 50 cm | 9–18 Wo. | D |
| Kartoffeln | M. April–M. Mai | 10 cm | 25 cm | 12–24 Wo. | Knollen vorkeimen |
| Kohlrabi | M. Feb.–A. Juli | 1–2 cm | 25 cm | 8–10 Wo. | V + D |
| Kürbis | M. April–M. Mai | 2–3 cm | 50 cm | 14–24 Wo. | V + D |
| Mairübchen | März–Juli | 1–2 cm | 25 cm | 8–10 Wo. | D |
| Mangold | M. April–A. Juni | 3 cm | 20 cm | 12–20 Wo. | D |
| Neuseel. Spinat | A. April–E. April | 2–3 cm | 40 cm | 12–20 Wo. | V + D |
| Bund-Möhren | März–E. Juni | 1,5–2,5 cm | 30 cm | 13–17 Wo. | D |
| Lager-Möhren | März–A. Juni | 1,5–2,5 cm | 30 cm | 17–23 Wo. | D |
| Pak Choi | Juli–A. August | 1–2 cm | 20 cm | 7–8 Wo. | D |
| Pastinake | März–Juni | 2 cm | 30 cm | 22–28 Wo. | D |
| Paprika | März | 1 cm | 50 cm | 20–30 Wo. | V, 1. Knospe ausbrechen |
| Radieschen | März–August. | 1 cm | 20 cm | 4–6 Wo. | D |
| Rettiche | E. April–August | 1–2 cm | 30 cm | 6–8 Wo. | D |
| Rote Bete | M. April –E. Juni | 2–3 cm | 25 cm | 12–24 Wo. | V + D |
| Spinat | E. Feb.– A. Sep. | 3 cm | 20 cm | 6–10 Wo. | D |
| Stangenbohnen | A. Mai–E. Juni | mind. 3 cm | 80 cm | 11–13 Wo. | D |
| Tomaten | März. | 1 cm | 100 cm | 16–30 Wo. | V, Triebe ausgeizen |
| Zucchini | M. April–M. Mai | 3 cm | 100 cm | 10–30 Wo. | V + D |
| Zwiebeln | A. März–E. April | 2 cm | 20 cm | 14–24 Wo. | D oder Steck-zwiebeln |
| Lauchzwiebeln | A. März–M. Juli | 2 cm | 20 cm | 10–14 Wo. | D |

| Salate | | | | | |
|---|---|---|---|---|---|
| Asia-Salate | A. Juli–A. Sep. | 1–2 cm | 20 cm | 3–10 Wo. | Eichblatt-Salat |
| Escariol-Endivie | M. Juni–E. Juli | 1 cm | 25 cm | 10–14 Wo. | D |
| Frisée-Endivie | E. März–M. Juni | 1 cm | 25 cm | 10–14 Wo. | D |
| Feldsalat | M. Juli–M. April | 1 cm | 10 cm | 8–12 Wo. | D |
| Hirschhorn-wegerich | April–Juli | 1–2 cm | 20 cm | 6–8 Wo. | D, mehrjähr. |
| Melde | März–A. August | 2 cm | 25 cm | 6–8 Wo. | D |
| Pflück-Salat | M. März–E. Juli | 1 cm | 20 cm | 4–12 Wo. | D |
| Radicchio | A. Juni–M. Juli | 1 cm | 20 cm | 4–12 Wo. | D |
| Salat-Rauke | März–A. Sep. | 1 cm | 15 cm | 3–6 Wo. | D |
| Wilde Rauke | März–August | 1 cm | 15 cm | 6–8 Wo. | D, mehrjähr. |
| Romana | E. März–M. Juli | 1 cm | 20 cm | 8–14 Wo. | D |
| Sommer-Portulak | M. Mai–E. Juli | 1 cm | 20 cm | 4–10 Wo. | D |
| Schnitt-Salat | M. März–E. Juli | 1 cm | 20 cm | 4–12 Wo. | D |
| Spargelsalat | E. März–Mitte Juli | 2–3 cm | 20 cm | 4–14 Wo. | D |
| Winterpostelein | E. Juli–März | 1 cm | 15 cm | 8–12 Wo. | D |
| Winterkresse | Juli–A. September | 0,3–0,5 cm | 20 cm | 8–12 Wo. | D |
| Schnitt-Zichorie | M. März–E. Juli | 1 cm | 20 cm | 4–12 Wo. | D |
| Zuckerhut | A. Juni–M. Juli | 1 cm | 20 cm | 4–12 Wo. | D |
| **Kräuter und Blumen** | | | | | |
| Basilikum | April–A. Juni | 0,3–0,5 cm | 30 cm | 8–16 Wo. | V, D, L |
| Bergbohnenkraut | April–Mai | 0,3–0,5 cm | 40 cm | 8–24 Wo. | V + D, L, mehrjähr. |
| Bohnenkraut | April–E. Juni | 0,3–0,5 cm | 30 cm | 8–20 Wo. | D, L |
| Borretsch | April–Juni | 0,5–1 cm | 30 cm | 6–12 Wo. | D |
| Speise-Chrysantheme | März–A. Sep. | 0,3–0,5 cm | 15 cm | 4–10 Wo. | D, L |
| Dill | M. April–Juni | 2–3 cm | 20 cm | 6–8 Wo. | D |
| Gewürzfenchel | März–April | 1–2 cm | 25 cm | 8–16 Wo. | D, frost-empfindlich |
| Kapuzinerkresse | E. April–M. Mai | 1–2 cm | 20 cm | 6–22 Wo. | D |
| Kerbel | März–A. Sep. | 0,3–0,5 cm | 10 cm | 6–8 Wo. | D, L |
| Koriander | März–April | 1–2 cm | 30 cm | 6–12 Wo. | V + D |

**Kräuter und Blumen**

| Kresse | M. März–A. Sep. | 0,3–0,5 cm | 10 cm | 1–3 Wo. | D, L |
|---|---|---|---|---|---|
| Majoran | März–Mai | 0,3–0,5 cm | 20 cm | 8–16 Wo. | V + D, L |
| Oregano, Dost | März–Juni | 0,3–0,5 cm, | 30 cm | 8–20 Wo. | V + D, L, mehrjähr. |
| Petersilie | März–E. Juni | 2–3 cm | 20 cm | 8–32 Wo. | V + D |
| Wurzelpetersilie | März–E. Mai | 2–3 cm | 30 cm | 19–23 Wo. | D |
| Ringelblume | März–E. Juli | 1–2 cm | 20 cm | 8–24 Wo. | D |
| Sauerampfer | März–Juni | 0,3–0,5 cm | 25 cm | 8–20 Wo. | V + D, L, mehrjähr. |
| Schnittlauch | März–Juli | 2 cm | 25 cm | 12 Wo. | D + V |
| Schnittknoblauch | A. März–A. August | 2 cm | 25 cm | 12 Wo. | D + V, mehrjähr. |
| Thymian | M. April–M. Mai | 0,3–0,5 cm | 25 cm | 8–24 Wo. | V + D, L, mehrjähr. |
| Zitronenmelisse | M. März–E. April | 0,3–0,5 cm | 30 cm | 12–24 Wo. | V + D, L, mehrjähr. |

V = Vorziehen: Die Pflanzen werden in Saatschalen ausgesät und einige Zeit später durch Pikieren vereinzelt (siehe auch S. 26)

L = Lichtkeimer: Lichteinfluss fördert die Keimung. Die Samen daher nur flach aussäen. Sie dürfen nur leicht mit Erde oder Sand bedeckt werden.

D = Direktsaat: die Pflanzen werden direkt an Ort und Stelle ausgesät (siehe auch S. 26)

mehrjähr.: Mehrjährig. Die Pflanzen sind mehr oder weniger winterhart und treiben im Folgejahr wieder aus.

# Adressen, die Ihnen weiterhelfen

## Zubehör

(Pflanzgefäße, Beet-Taschen, Aussaatkisten, Weidenboxen, Bewässerungssysteme, Geräte)

**Garten und Gabel**
Lassdrift 1a
21129 Hamburg
www.gartenundgabel.de

## Kräuter

**Rühlemanns**
Auf dem Berg 2
27367 Horstedt
www.ruehlemanns.de

**Herb's Bioland Gärtnerei**
Stedinger Weg 16
27801 Dötlingen OT Nuttel
www.herb-s.de

**Syringa Duftpflanzen & Kräuter**
Bachstraße 7
78247 Binningen
www.syringa-pflanzen.de

**Staudengärtnerei Gaißmayer**
Jungviehweide 3
89257 Illertissen
www.gaissmayer.de

## Saatgut

**Quedlinburger Saatgut mbH**
Dieselstr. 1
06449 Aschersleben
www.quedlinburger-saatgut.de

**Albert Treppens & Co. Samen GmbH**
Berliner Str. 84–88
14169 Berlin
www.treppens.de

**Gustav Schlüter GmbH**
Bahnhofstrasse 5
25335 Bokholt-Hanredder
www.garten-schlueter.de

**Bioland Hof Jeebel**
Jeebel 17
29410 Salzwedel
www.biogartenversand.de

**Dreschflegel GbR**
In der Aue 31
37213 Witzenhausen
www.dreschflegel-saatgut.de

**Gärtner Pötschke**
41561 Kaarst
www.poetschke.de

**Bruno Nebelung (Kiepenkerl-Saatgut)**
48351 Everswinkel
www.kiepenkerl.com / www.nebelung.de

**Sperli GmbH**
Freckenhorster Str. 32
48351 Everswinkel
www.sperli.de

**Bingenheimer Saatgut AG**
Kronstraße 24,
61209 Echzell-Bingenheim
www.bingenheimersaatgut.de

**BALDUR-Garten GmbH**
Elbingerstraße 12
64625 Bensheim
www.baldur-garten.de

**HILD samen gmbh**
Kirchenweinbergstr. 115
71672 Marbach am Neckar
www.hildsamen.de

**Bio-Saatgut Gaby Krautkrämer**
Weingartenstrasse 58
97252 Frickenhausen am Main
www.bio-saatgut.de

Österreich
**Reinsaat KG**
Am Hornerwald 69
A-3572 St. Leonhard
www.reinsaat.at

Schweiz
**Wyss Samen und Pflanzen AG**
Schachenweg 14c
CH-4528 Zuchwil-Solothurn
www.samen.ch

**Samen Mauser AG**
Industriestr. 24
CH-8404 Winterthur
www.samen-mauser.ch

**Sativa Rheinau AG**
Klosterplatz 1
CH-8462 Rheinau
www.sativa-rheinau.ch

## Tomaten

**Kleverhof –Gartenbau Unverhau GbR**
Mönkenbrook 26
23869 Elmenhorst
www.kleverhof.de

**Jörn Meyer Gemüsebau**
Kremper Rhin 6
25348 Blomesche Wildnis
www.tomatenmitgeschmack.de

**scharf & lecker Martin Eiberger**
Am Schimmelberg 1
73433 Aalen
www.scharfundlecker.de
Irinas Tomaten & Kräuter

**Spezialitätengärtnerei**
Blattenhof 1
93142 Maxhütte-Haidhof
www.irinas-tomaten.de

**Gärtnerei Dieter Haas**
Obere Leberklinge 26
97877 Wertheim
www.bioland-gaertnerei-haas.de

**Österreich**

**Andis Samenshop**

Andreas Ochsenhofer

Habichergasse 27/14

A-1160 Wien

www.tomatensamen.at

## Erdbeeren & Obststräucher

**Deaflora**

Dr.-Wolff-Str. 6

14542 Werder

www.deaflora.de

**Lubera GmbH**

Im Vieh 8

26160 Bad Zwischenahn OT Ekern

www.lubera.de

**Schweiz**

**Häberli Fruchtpflanzen AG**

Stocken

CH-9315 Neukirch-Egnach

www.haeberli-beeren.ch

## Zum Weiterlesen

Bodvensteiner, Susanne; Hess Reinhard; Westermann, Jan-Peter; Buroh, Nikolai: **Kräuter besonders einfach.** Gräfe und Unzer-Verlag, München 2005

Breckwoldt, Michael: **Essen aus der Natur. Kräuter, Beeren, Pilze sammeln und verwerten.** Stiftung Warentest, Berlin 2011.

Buchholz, Frank: **Kräuterküche, Kräutergarten.** Gräfe und Unzer-Verlag, München 2001

Conran, Terence: **Chef's Garden.** Conran Octopus, London 1999.

Fischer, Eva und Valentin: **Gesundes aus dem eigenen Garten.** BLV Buchverlag, München 1998.

Heistinger, Andrea; Arche Noah: **Handbuch Bio-Gemüse.** Verlag Eugen Ulmer, Stuttgart 2010.

Heynitz, Krafft von; Merckens, Georg: **Das biologische Gartenbuch.** Verlag Eugen Ulmer, Stuttgart 1994.

Jeunes Restaurateurs: **Gemüse, Kräuter & Salate. Deutschlands junge Spitzenköche.** Mosaik Verlag, München 2001.

Klaphake, Ute; Lüdemann, Karin; Jensen, Dierk: **Reichtum ernten.** Franckh-Kosmos Verlag, Stuttgart 2009.

Körber-Grohne, Udelgard: **Nutzpflanzen in Deutschland. Kulturgeschichte und Biologie.** Konrad Theiss Verlag, Stuttgart 1994.

Kreuter, Marie-Luise: **Kräuter & Gewürze aus dem eigenen Garten.** BLV Buchverlag, München 2009.

Lagoda, Martin; Snowdon, Bettina: **Sehr gut haltbar machen.** Stiftung Warentest, Berlin 2011.

McVicar, Jekka: **Essbare Blüten.** BLV Buchverlag, München 1998.

McVicar, Jekka: **Kräuter.** Dorling Kindersley, London 2002.

Müller, Christa: **Urban Gardening.** Über die Rückkehr der Gärten in die Stadt. Oekom

Verlag, München 2011.

Pollen, Michael: **»Die Zivilisation begann mit Kochen«.** Spiegel-Gespräch. In: Der Spiegel Wissen, Was wirklich gesund ist: Frischer

Essen, Nr. 3, 2009, S. 120–125.

Radziewsky, Elke von/Holzenleuchter, Jürgen: **Der Selbstversorger Garten.** BLV Buchverlag, München 2011.

Wonneberger, Christoph; Keller, Fritz: **Gemüse-bau.** Verlag Eugen Ulmer, Stuttgart 2004

# Stichwortverzeichnis

## Bildnachweis

**Dorothea Baumjohann:** 43, 44l; **Flora Press Agency:** 56, /Daniela Kunze: 96, /GWI: 54/55, 75, 91, 92, /Helga Noack: 17, 60/61, 69, /Linda Burgess: 18l, /Liz Eddison: 105, /MAP: 114, 118/119, /Otmar Diez: 130; /Marcus Harpur: 81, /Martin Hughes-Jones: 47, /Nova Photo Graphik: 35, Robert Mabic: 94/95; /Royal Horticultural Society: 87, /Sibylle Pietrek: 2/3; **Fotolia:** /Alisonhancock: 9, /Andreaphoto: 42, /anna_shepulova: 99, /ChiccoDodiFC: 103, /markuso: 10, /T. Linack: 4l, 86; **Kristijan Matić Fotografie:** 1, 4r, 19, 22, 23, 24, 26, 27, 29, 30l, 30r, 31, 33, 36, 37, 38, 39, 40, 45, 51, 58l, 58r, 59, 63, 65, 67 alle 6, 71, 72, 76, 77 alle 6, 79 alle 4, 83 alle 4, 88, 90, 98, 100, 104, 106l, 106r, 109 alle 4, 110, 112, 115, 117 alle 4, 121 alle 4, 122, 124, 127; **mauritius images:** /Westend61/Sigrid Gombert: 6/7; **Sabrina Rothe:** 143; **Shutterstock:** /abeautifulworld: 89, Annara: 21, /Floki: 44r, /LUMOimages: 11, /Nikolay Dimitrov-ecobo: 113, /Oksana Shufrych: 58, /Paula Ohreen: 5r, /Tadas Jucys: 5l; **Friedrich Strauß:** 12/13, 15, 25, 32, 46, 49, 50, 62, 64, 68, 70, 85, 129, 133; **vigoroot:** 18r, 34, 53, 84

## Über den Autor

**Michael Breckwoldt** studierte Gartenbau, Philosophie und Literaturwissenschaft. Er verfügt über langjährige praktische Erfahrungen in der Gartengestaltung sowie im Anbau von Gemüse. Nach dem Studium machte er sich als Journalist und Autor selbstständig. Er schrieb für Zeitschriften wie Flora, Brigitte und Schöner Wohnen und veröffentlichte eine Reihe von Büchern. Jahrelang leitete er das Gartenressort des erfolgreichen Lifestyle-Magazins Living at Home. Inzwischen widmet er sich hauptsächlich dem von ihm gegründeten Online-Shop Garten und Gabel und seiner Tätigkeit als Gartenbaulehrer.
Mehr Informationen unter: www.gartenundgabel.com

## Impressum

### Bibliografische Information der Deutschen Nationalbibliothek

Die Deutsche Nationalbibliothek verzeichnet diese Publikation in der Deutschen Nationalbibliografie; detaillierte bibliografische Daten sind im Internet über http://dnb.d-nb.de abrufbar.

## BLV Buchverlag GmbH & Co. KG

80636 München

© 2017 BLV Buchverlag GmbH & Co. KG, München

Umschlagkonzeption und Gestaltung: BLV Verlag
Umschlagfotos: Titelbild: Flora Press Agency/ Helga Noack, Rückseite: Flora Press Agency/GWI (links), Kristijan Matić Fotografie (rechts)

Programmleitung Garten: Caroline Kaum
Projektmanagement: Kullmann & Partner GbR
Lektorat: Dr. Folko Kullmann, Corina Steffl
Herstellung: Angelika Tröger
Layoutkonzept Innenteil: griesbeckdesign, Dorothee Griesbeck, München
Gestaltung und Satz: Kristijan Matić/Kullmann & Partner GbR

Gedruckt auf chlorfrei gebleichtem Papier

Printed in Germany
ISBN 978-3-8354-1628-4

### Hinweis
Das vorliegende Buch wurde sorgfältig erarbeitet. Dennoch erfolgen alle Angaben ohne Gewähr. Weder Autor noch Verlag können für eventuelle Nachteile oder Schäden, die aus den im Buch vorgestellten Informationen resultieren, eine Haftung übernehmen.